W0308859

Paolo Pigozzi

IL CIBO IN GRAVIDANZA

ALIMENTAZIONE NATURALE PER MAMMA E BAMBINO

DEMETRA

Al Melograno, alle sue madri e ai loro figli

Progetto grafico: *Sebastiano Ranchetti e Laura Ottina*
Impaginazione: *Sebastiano Ranchetti*

Referenze fotografiche: Archivio Giunti, Archivio Demetra;
Corbis/Contrasto, Milano: 22, 49, 59, 65;
Laurence Monneret / Stone / Laura Ronchi: 41.

Per quanto riguarda i diritti di riproduzione,
l'editore si dichiara pienamente disponibile a regolare
eventuali spettanze per quelle immagini
di cui non sia stato possibile reperire la fonte.

Paolo Pigozzi, medico e giornalista, vive e lavora a Verona. Ha perfezionato gli studi in Nutrizione clinica e dietetica e in Fitoterapia presso l'Università di Siena; insegna nei corsi regionali per Operatori sociosanitari. È membro della Società scientifica di nutrizione vegetariana e della Società italiana di fitoterapia. Collabora con "Il Melograno - Centro informazione maternità e nascita" di Verona e Gallarate, e con "Agor - Centro di educazione alla riabilitazione" di Verona. Utilizza professionalmente l'alimentazione terapeutica, la fitoterapia, l'oligoterapia, le tecniche idrofangoterapiche secondo il sistema Kneipp e l'omeopatia. Collabora con varie riviste sugli stessi temi. È autore di numerosi manuali sull'impiego terapeutico dell'alimentazione e delle piante medicinali.

www.giunti.it

ISBN 88-440-2623-6

© 2003 Giunti Editore S.p.A., Firenze - Milano,
su licenza di Demetra S.r.l.
Nuova edizione: ottobre 2003

Ristampa	Anno
6 5 4 3 2 1 0	2006 2005 2004 2003

Stampato presso Giunti Industrie Grafiche S.p.A.
Stabilimento di Prato

Noi non siamo nati soltanto dalla nostra madre.
Anche la terra è nostra madre,
che penetra in noi giorno dopo giorno
con ogni boccone che noi mangiamo.

Paracelso (medico svizzero 1493-1541)

G**ravidanza...** Per chi ha vissuto l'esperienza, questa parola, da sola, è in grado di evocare momenti di straordinaria suggestione, magici perfino, e pieni di gioia qualche volta incontenibile. Ma anche tante ansie e sofferenze che solo il tempo poi piano piano attenua.
Essere incinta costituisce, in tutti i casi, una svolta nella vita di ogni donna. Cose che prima sembravano importanti, dopo non lo sono più. Abitudini, magari costruite tenacemente durante tutta l'infanzia e la giovinezza, vengono con facilità rimesse in discussione e perfino abbandonate se la donna intuisce che possono portare un qualche danno al figlio che porta dentro.

Questi nove mesi sono, in effetti, segnati quasi sempre dalla ricerca, a volte affannosa, di informazioni.
Soprattutto oggi, quando la tradizionale trasmissione dei saperi in questo particolare campo è andata in crisi. Un po' perché le madri (chi meglio della propria mamma può consigliare, avvertire, indirizzare?) vivono spesso lontane fisicamente dalle figlie e un po' perché oggi tutto quello che sa di vecchio, di tradizionale, di sperimentato, di saggio è fuori moda e, come tale, rifiutato.
E questo desiderio del "nuovo che avanza", se può essere comprensibile in altri campi, non lo è certamente nel mondo della gravidanza, del parto e dell'allattamento.

Si veda, per esempio, la clamorosa cantonata presa da chi, diversi anni fa, sosteneva a spada tratta, e con l'appoggio di dati "scientifici", che il latte materno era meglio fosse sostituito, appena possibile, da un ottimo latte artificiale, questo sì, arricchito con tutte quelle vitamine e quei sali minerali, indispensabili alla crescita del bimbo, che nel latte materno non si riusciva a trovare.

Essere incinta costituisce una svolta nella vita di ogni donna. Cose che prima sembravano importanti, dopo non lo sono più. Abitudini, magari costruite tenacemente durante l'infanzia e la giovinezza, vengono con facilità rimesse in discussione se la donna intuisce che possono portare qualche danno al figlio che porta dentro.

Affermazioni smentite decisamente, oltre che dalla plurimillenaria esperienza di tutte le madri, anche dall'Organizzazione Mondiale della Sanità la quale invece raccomanda, per la migliore crescita del bambino e per la prevenzione di molte delle malattie che possono colpire l'adulto, che l'allattamento al seno sia protratto, se possibile senza integrazioni, almeno fino al nono mese di vita.

In questo contesto di incertezza e di confusione sono apparse, negli ultimi anni, molte pubblicazioni sulla gravidanza, sul parto, sulla nascita e sull'allattamento. Alcune svolgono certamente un lodevole, ma parziale, ruolo di supplenza, in sostituzione della fitta rete di sostegno culturale, morale e pratico che avvolgeva e proteggeva un tempo la donna incinta, ma molte altre, è inutile nasconderlo, hanno creato e creano solo confusione e ansia: tutti insegnano, prescrivono, consigliano, ammoniscono, suggeriscono... senza che la donna, nella maggior parte dei casi, abbia la possibilità concreta di confrontare quello che legge con altre donne incinte, di parlare con altre madri, di capire le modificazioni che avvengono nel suo corpo, di riflettere insomma in un clima di serenità sulla straordinaria esperienza che sta vivendo.

Proprio a questo scopo – trasmettere conoscenze vecchie e nuove e permettere alle donne incinte di tessere positive relazioni umane – esiste in Italia da oltre vent'anni "Il Melograno", una rete di centri operanti in diverse città che propongono una fitta serie di iniziative atte a sostenere concretamente i genitori, e la donna in particolare, durante la gravidanza, il parto, l'allattamento e i primi anni di vita del bambino.
Questo libro è stato pensato, maturato, rettificato, adattato proprio a stretto contatto con le donne che hanno frequentato gli incontri de "Il Melograno" di Verona – e sono ormai quasi 1500 – alle quali, in questi anni, ho proposto delle conversazioni sul tema dell'alimentazione in gravidanza.
Sono state proprio le madri che con le loro osservazioni e le loro critiche, ma anche con la loro praticità hanno contribuito ad arricchire in concretezza molte delle indicazioni che avrebbero rischiato altrimenti di rimanere solo teoriche. E di questo sono a loro sinceramente grato.

Questo libro ha una struttura un po' inconsueta. Al posto dei soliti capitoli e dei relativi paragrafi, ho preferito utilizzare nella prima parte del libro un'articolazione di domande e risposte. E questo essenzialmente per due motivi.
Il primo è che, come già detto, questo lavoro ha le sue radici nelle molte decine di incontri tenuti su questo tema con gruppi di donne. E durante gli incontri sono soprattutto gli interrogativi a tenere banco. E poi perché questa forma può rendere più articolata e vivace l'esposizione dei concetti e meglio si adatta alle necessità di chi, calatasi improvvisamente, anche se spesso del tutto coscientemente, in una nuova e sconvolgente esperienza, vede affacciarsi alla mente dubbi e incertezze che di fatto assumono, quando sono espressi, la forma di domande.

Il filo conduttore del lavoro è il seguente:

- un primo gruppo di domande fornirà gli elementi per poter conoscere e utilizzare al meglio molti alimenti che in gravidanza possono comparire a tavola;

- un secondo gruppo chiarirà alcuni concetti e metterà in guardia dai cosiddetti "alimenti-spazzatura", cibi che solitamente già sono sconsigliati a tutti, ma che in gravidanza è particolarmente importante evitare;

- in terzo luogo si esamineranno i cosiddetti integratori alimentari, proprio a partire dalla loro eventuale necessità.

- La gravidanza è frequentemente costellata di disturbi fisici, per fortuna quasi mai gravi. Alcune volte questi disturbi sono in relazione a comportamenti scorretti; in un apposito capitolo sono presi in considerazione le loro cause e le possibilità offerte dall'alimentazione per prevenire e per curare;

- un'ultima sezione riguarda argomenti di interesse generale, dalla necessità di camminare durante la gravidanza alla possibilità di determinare il sesso del proprio figlio scegliendo degli alimenti piuttosto che altri, dal pericolo rappresentato dai farmaci alla presunta o fondata necessità di mangiare per due.

Nella seconda parte del lavoro vengono proposte alcune possibilità di organizzazione nel corso della giornata, dell'alimentazione, tenendo conto di chi desidera privilegiare una dieta mediterranea, di chi sceglie un'alimentazione vegetariana e infine di coloro che non desiderano consumare alcun alimento di origine animale, neppure indiretto (alimentazione vegetaliana o, dall'inglese, "vegana"). Questo non è, naturalmente, un manuale di ricette e quindi le proposte sono limitate a qualche "assaggio". Chi desidera approfondire queste tematiche e impratichirsi nella indispensabile materia può consultare i numerosi libri sull'argomento riportati in bibliografia.
Un indice analitico, infine, vuole rendere più agevole la ricerca degli argomenti desiderati e, in definitiva, l'utilizzazione del libro.

Parte prima

DOMANDE E RISPOSTE

Gli alimenti: conoscerli e utilizzarli

Quelle che seguono sono informazioni sulla composizione, sull'uso e sugli effetti che i diversi alimenti hanno sull'organismo della donna incinta. Sarà quindi più facile operare delle scelte informate e quindi consapevoli.

La carne è indispensabile per il feto?

È un problema vecchio, e ormai francamente un po' stantio, quello che riguarda la necessità o l'inutilità dell'inserimento della carne nella dieta della donna incinta.
Un problema che, d'altra parte, molte donne hanno già risolto, in modo molto pratico e con risultati magnifici, diventando, in occasione della gravidanza, vegetariane.
Si potrebbe eventualmente discutere se la gravidanza sia il momento più adatto per cambiare così radicalmente la propria alimentazione.
Alcuni medici infatti, pur favorevoli a un regime vegetariano, sconsigliano di operare drastici cambiamenti dietetici in un momento così delicato.
Ma non tanto, si badi bene, per l'inadeguatezza dell'alimentazione vegetariana a rispondere alle necessità della donna e del feto, quanto perché una scelta così diversa e radicale rispetto alle consuetudini del marito, della madre, degli amici, del ginecologo... potrebbe costituire una fonte di contrasto, di nervosismo, di ti-

more e di ansia per la donna incinta. E ben si sa quanto la serenità d'animo sia importante per una gravidanza tranquilla e felice. Personalmente, **pur non sottovalutando queste preoccupazioni, ritengo che la scelta di un regime vegetariano possa essere fatta con estrema tranquillità e in tutta sicurezza**.
Scienziati di tutto il mondo, ricerche cliniche numerose e serie e perfino l'Organizzazione Mondiale della Sanità (OMS), massimo organo scientifico internazionale, confermano con autorevolezza questa scelta.
Vale la pena, a questo proposito, riportare per esteso alcune considerazioni che l'OMS, unitamente alla FAO e all'UNESCO (organizzazioni delle Nazioni Unite che si occupano di agricoltura, lotta alla fame, educazione e cultura), ha pubblicato, nero su bianco, alcuni anni or sono.

È falso che le diete vegetariane indeboliscano il fisico e non favoriscano la crescita. Un'alimentazione vegetariana ben equilibrata può sviluppare i muscoli, produrre energia e forza più di un'alimentazione a base di prodotti animali. È sufficiente che i cibi vegetali vengano consumati in quantità appropriate.
È falso che la maggior parte dei sistemi di alimentazione dei paesi in via di sviluppo manchino di proteine.
Tranne poche eccezioni, la malnutrizione è causata solo da un'alimentazione insufficiente.
Infatti nella maggior parte del mondo l'alimentazione tradizionale, se la quantità è sufficiente, fornisce tutte le proteine necessarie per un perfetto equilibrio dell'organismo.

(Santé du Monde - 1981)

È d'altra parte noto che **la carne, essendo ricca di purine e di grassi saturi, favorisce l'insorgere di malattie renali e cardio-vascolari** e sembra, inoltre, correlata allo sviluppo di alcuni tipi di tumori.
Bisogna ancora considerare che la carne è generalmente più 'inquinata' rispetto ai prodotti vegetali: poiché gli animali costituiscono l'ultimo anello della catena alimentare, in essi si concentrano gli agenti inquinanti presenti nell'aria, nell'acqua e nel terreno.
Inoltre, da un punto di vista strettamente ecologico, bisogna pur ammettere che non sarebbe possibile estendere a tutti gli

Decidere di eliminare la carne può costituire una preziosa opportunità per riflettere sui propri comportamenti alimentari e per migliorarli in modo sostanziale. E la gravidanza è, da questo punto di vista, un momento di particolare disponibilità al cambiamento.

Eliminare la carne spesso significa per molti unicamente aumentare la quantità di formaggio presente sulla tavola... cadendo così dalla padella nella brace.

abitanti della terra il regime carnivoro proprio delle popolazioni "civilizzate".

L'allevamento degli animali rappresenta un enorme spreco. Per ottenere una certa quantità di proteine animali è necessaria un'estensione di terreno da 5 a 10 volte superiore a quella necessaria per ottenere la stessa quantità di proteine vegetali (contenute, per esempio, nei cereali e nelle leguminose). Ragionando in termini energetici, è necessario investire (potremmo anche dire sprecare) una quantità di energia, cioè forza lavoro, carburante per le macchine, impianti, mangimi..., da 10 a 20 volte superiore per ottenere proteine animali piuttosto che la stessa quantità di quelle vegetali.

E infine, alla base di una scelta vegetariana, ci possono essere e ci sono anche motivazioni etico-morali. Anzi, per alcuni proprio questa è la ragione principale e più forte per non mangiare carne: non cibarsi del cadavere di un altro animale.

Questo imperativo categorico, che non ammette, com'è comprensibile, eccezione alcuna, ha le sue radici in una concezione non-violenta dei rapporti fra l'uomo e gli altri viventi che ha percorso tutta la storia, dall'antichità fino ai nostri giorni.

Da Adamo ed Eva prima del peccato originale a Catone, da Cicerone a Pitagora, da Leonardo da Vinci a Tolstoj, da Gandhi all'italiano Capitini, una quota consistente di uomini e donne hanno deciso di alimentarsi escludendo la carne dalla loro dieta.

Il fatto, poi, di avere un profondo atteggiamento di rispetto per la vita (sia pure quella di una gallina, di un manzo o di un maiale) al di là dei vantaggi per la salute fisica, può certamente mettere in maggiore sintonia la mente con le trasformazioni biologiche che il corpo della donna incinta sta vivendo.

Certo, sull'onda dell'entusiasmo per queste osservazioni, **non è pensabile di migliorare la propria alimentazione eliminando semplicemente la carne o il pesce**.

Rimanendo invariate le altre caratteristiche dell'alimentazione moderna (eccesso di proteine e di grassi animali, di zucchero raffinato e di sale; carenza di fibre vegetali; presenza massiccia di residui e di additivi chimici) non si sarebbe fatto un solo passo nella giusta direzione.

Anzi, eliminare la carne spesso significa per molti unicamente aumentare la quantità di formaggio presente sulla tavola... cadendo così dalla padella nella brace.

Decidere di eliminare la carne può, al contrario, costituire una preziosa opportunità per riflettere sui propri comportamenti alimentari e per migliorarli in modo sostanziale. E la gravidanza è, da questo punto di vista, un momento di particolare disponibilità al cambiamento.

✓ carne – alimentazione vegetariana – proteine

Sono più importanti le proteine o i carboidrati?

Gli alimenti che noi consumiamo ogni giorno contengono proteine e carboidrati (detti anche zuccheri) in quantità variabile in relazione alle caratteristiche proprie di ogni cibo.

Esistono alimenti con un buon contenuto proteico come la carne, il formaggio, le uova e, nel mondo vegetale, i legumi e i semi oleosi; altri, come il pane, la pasta, le patate, la frutta contengono soprattutto carboidrati.

La funzione delle proteine è principalmente quella di fornire il "materiale da costruzione" necessario al nostro corpo. Le proteine hanno tuttavia anche una funzione energetica, anche se "bruciare" proteine per ottenere energia non è molto economico per l'organismo. In questo modo, infatti, si accumulano notevoli quantitativi di scorie tossiche.

Le proteine, infine, giocano un ruolo fondamentale nel favorire il metabolismo: gli enzimi che facilitano le reazioni chimiche nel nostro organismo sono proteine, gli ormoni come l'insulina o l'adrenalina sono proteine...

Durante la gravidanza, quindi, e per motivi del tutto evidenti, **le proteine sono un nutriente indispensabile e al quale non si può rinunciare**.

Tutte le diverse proteine presenti nell'organismo sono formate dalla combinazione di una ventina di aminoacidi, i costituenti elementari delle proteine stesse. Di questi aminoacidi, otto sono detti "essenziali" perché sembra che l'organismo non sia in grado di produrli e debba invece introdurli con il cibo.

Il "valore biologico" della proteina è determinato proprio dalla presenza più o meno completa di questi otto aminoacidi ed esprime in pratica il grado di utilizzazione delle proteine di un certo alimento da parte del nostro organismo.

Il fabbisogno giornaliero di proteine è di circa 1 g per chilo di peso corporeo. Autorevoli fonti internazionali, tuttavia, ritengono che per l'adulto siano sufficienti 0,5 g di proteine per chilo di

La donna incinta non dovrebbe consumare più di 70-80 grammi di proteine al giorno. Ed è, questa, una quantità facilmente superata da chiunque si alimenti secondo le abitudini oggi correnti.

peso al giorno. In gravidanza, per coprire le aumentate esigenze della madre e le richieste dell'organismo del feto, si consiglia di incrementare l'apporto proteico di circa 30 g al giorno.
Tutte queste indicazioni e queste percentuali potrebbero confondere le idee, invece di chiarirle. In realtà, tutto ciò sta a significare che **la donna incinta non dovrebbe consumare più di 70-80 g di proteine al giorno.** Ed è, questa, una quantità facilmente superata da chiunque si alimenti secondo le abitudini oggi correnti.
Carne, latticini, uova compaiono pressoché giornalmente sulla tavola di ogni buon italiano e alle proteine in essi contenute occorre aggiungere quelle, pur inferiori come quantità, dei legumi, dei cereali e dei semi oleosi.
In questo modo si arriva facilmente a più di 100 g di proteine al giorno. E per di più quasi totalmente di origine animale.
Una quantità decisamente eccessiva. E che in gravidanza, più che in altri periodi della vita, si traduce in una inutile e irragionevole sollecitazione di organi come il fegato e i reni, strutture che devono, queste sì, lavorare per due per rispondere alle esigenze dell'organismo materno e di quello fetale.
I carboidrati, al contrario delle proteine, hanno una qualità eminentemente energetica. Gli alimenti che li contengono forniscono quindi il "carburante" per il funzionamento dell'organismo.
Per questo motivo il loro fabbisogno (circa 400 g al giorno) non aumenta in gravidanza ed è bene sia soddisfatto inserendo con regolarità ed equilibrio nella propria dieta i cereali integrali (pane, riso, orzo, miglio, avena, pasta...), i legumi (fagioli, piselli, ceci...), le verdure (carote, patate, barbabietole...), la frutta (mele, pere, uva, fichi, albicocche...), il miele.
Proteine e carboidrati quindi sono ambedue importanti, sia pure con funzioni diverse, e una dieta equilibrata li contiene entrambi.

✓ proteine – carboidrati – legumi – semi oleosi

Gli alimenti biologici sono davvero importanti?

L'agricoltura e l'allevamento moderni hanno come scopo, purtroppo, non tanto la produzione di alimenti sani e gustosi, ma solamente il massimo reddito dell'agricoltore e dell'allevatore. In funzione di questo obbiettivo sono utilizzate molte sostanze chimiche (diserbanti, anticrittogamici, antibiotici, ormoni...) molto spesso completamente estranee al ciclo biologico

della pianta e dell'animale. Le conseguenze sull'equilibrio biologico degli organismi viventi sono gravissime.
Non solo la composizione degli alimenti ne viene alterata, meno vitamine, meno proteine, meno sali minerali, meno... sapore, ma i residui chimici sono causa di una lenta intossicazione cronica, che si aggiunge a quella provocata dal traffico motorizzato e dall'industria, i cui effetti sono solo parzialmente evidenti.
Non c'è dubbio, tuttavia, che l'estendersi delle allergie e l'incremento notevole delle malattie degenerative, i tumori per primi, sia in qualche modo ricollegabile a questo modello di agricoltura e di allevamento.
Gli organismi più sensibili a queste offese sono senz'altro quelli in rapida crescita e tra questi non bisogna dimenticare il feto.
La ricerca di alimenti ottenuti senza l'impiego di sostanze chimiche (da coltivazione biologica) o, almeno, con una ridotta e oculata gestione degli stessi (lotta integrata) sembra quindi oggi uno sforzo da compiere per garantire al proprio figlio una vita migliore.

✓ alimenti biologici – allergia – lotta integrata – tumori

Troppo sale può far male?

Attualmente il consumo di sale è attestato attorno ai 30 g giornalieri. Una quantità certamente eccessiva se paragonata alle dosi che l'Organizzazione Mondiale della Sanità raccomanda per non favorire l'ipertensione e l'insufficienza renale: non più di 5 g al giorno!
Attenzione, però. **Il sale che viene consumato giornalmente non è solo quello aggiunto volontariamente ai cibi preparati in casa; la quantità maggiore è assunta con prodotti manipolati dall'industria alimentare**: insaccati e carni conservate, formaggi (specialmente se stagionati) e inscatolati, bevande gassate e prodotti da forno (grissini, biscotti)...
L'eccesso di sale fa aumentare la ritenzione di liquidi nei tessuti, un evento che in gravidanza, anche per altri motivi, assume a volte aspetti imponenti e molto fastidiosi, rendendoli meno elastici e quindi più fragili.
Ecco una delle cause, anche se non l'unica, dei piedi e delle mani gonfie, delle smagliature, dell'eccessivo aumento di peso e delle lacerazioni del perineo al momento del parto.
È quindi opportuno, in gravidanza, non solo limitare il sale ag-

giunto agli alimenti, ma soprattutto evitare con decisione di utilizzare alimenti conservati.

✓ sale – ritenzione idrica – smagliature – insaccati

I cereali integrali possono irritare l'intestino di chi soffre di colite?

È effettivamente vero che le fibre dei cereali integrali possono accentuare alcuni dei tipici disturbi della colite.
Specialmente se la masticazione non è accurata, il riso integrale, l'orzo mondo e più di tutti il pane integrale possono dare origine a gonfiori, fermentazioni e perfino a scariche diarroiche.
D'altra parte, è anche vero che la colite, cioè l'infiammazione dell'ultimo tratto dell'intestino, è causata anche dalla ridotta presenza di fibre vegetali nell'alimentazione.
Come conciliare queste due affermazioni, apparentemente in contrasto insanabile fra di loro?
Innanzitutto tenendo conto del fatto che la dieta deve essere modulata in funzione delle reazioni dell'organismo. **Occorre essere quindi sufficientemente elastici per modificare le proprie abitudini alimentari a seconda delle esigenze del proprio corpo.**
Durante una crisi acuta di fermentazione intestinale e di diarrea, è ovvio che mangiare grandi fette di pane integrale non può che accentuare e aggravare la sintomatologia. Al di fuori di questa spiacevole parentesi, tuttavia, è opportuno privilegiare il consumo di riso integrale, ben cotto e ancor meglio masticato.
Anche la presenza degli ortaggi può essere ridotta o addirittura completamente sostituita, in via transitoria, dal succo centrifugato di carote, assunto come aperitivo prima dei pasti principali.
La frutta sarà limitata alle sole mele, particolarmente equilibrate e che solo di rado presentano delle controindicazioni.

✓ colite – fibre vegetali – mela – carota – succo centrifugato

Che cos'è il sale marino integrale?

Forse non è a tutti noto che il sale da cucina usualmente adoperato per insaporire i cibi non è solamente, come dovrebbe essere, il risultato dell'evaporazione dell'acqua di mare.
Il sale in commercio, così candido e non più igroscopico, è stato ottenuto dopo successivi e ripetuti lavaggi per allontanare quegli elementi minerali ritenuti, a torto, inquinanti.

Tabella 1 • A proposito di acqua di mare

Presenza di elementi minerali nell'acqua di mare (g/100)

Cloro	1,93	Fluoro	0,0001
Sodio	1,07	Rubidio	0,00002
Magnesio	0,13	Litio	0,000007
Zolfo	0,09	Zinco	0,000007
Calcio	0,042	Fosforo	0,000006
Potassio	0,037	Iodio	0,000005
Bromo	0,006	Arsenico	0,000002
Carbonio	0,002	Rame	0,000001
Stronzio	0,001	Cesio	0,0000002
Boro	0,01	Argento	0,00000003
Silicio	0,0001	Oro	0,000000001

Ma come mai, visto che la parola inquinante è di solito associata a qualcosa di tossico e di nocivo, le scorie risultanti da questo lavoro di "pulizia" vengono acquistate dalle case farmaceutiche che le impiegano per estrarne minerali e oligoelementi per farmaci e mangimi?
Nell'acqua di mare, infatti, sono presenti una varietà notevolissima di elementi chimici, sia pure, a volte, in quantità estremamente ridotta (vedi tabella 1).
Tuttavia, in natura, la quantità limitata non costituisce un ostacolo all'attività biologica; anzi, la presenza di molti elementi diversi spesso è un requisito indispensabile perché si inneschino quelle sinergie (potenziamenti reciproci) così frequenti da osservare.
Il sale marino integrale, non raffinato, costituisce una miniera straordinaria e perfettamente bilanciata di oligoelementi, indispensabili per il corretto svolgersi delle reazioni organiche. Il suo utilizzo in cucina costituisce il modo più semplice e naturale per contribuire a mantenere l'equilibrio minerale organico.
Tra l'altro, a differenza di altre modificazioni della dieta, come l'introduzione dei cereali integrali o la riduzione dei prodotti animali, questo piccolo ma importante cambiamento non deve

Nell'acqua di mare sono presenti una varietà notevolissima di elementi chimici sia pure a volte in quantità estremamente ridotta; la presenza di molti elementi diversi spesso è un requisito indispensabile perché si inneschino quelle sinergie così frequenti da osservare.

nemmeno essere "contrattato" con il marito o con i figli, potendo essere reso operativo immediatamente e senza sconvolgere le proprie e altrui abitudini alimentari.

✓ sale marino integrale – oligoelementi – minerali

Il succo di limone aggrava la stitichezza?

Il limone è da considerarsi, non solo per le sue innumerevoli proprietà ma anche per alcune controindicazioni, più un farmaco che un vero e proprio alimento.

È il rappresentante di spicco della frutta acidula, caratterizzata dall'abbondante presenza di acidi organici (citrico, malico, tartarico). **Assieme agli altri agrumi e ad albicocche, ciliegie, fragole, lamponi, prugne, susine, il limone è attivo nel neutralizzare le sostanze acide che vengono prodotte dal metabolismo e riversate nel sangue.**

Gli acidi organici, una volta assorbiti, passano nel sangue. Qui si degradano facilmente a opera dell'ossigeno e danno origine ad acido carbonico. Quest'ultimo, a sua volta, si combina con il sodio e il potassio del sangue formando così carbonati e bicarbonati.

Queste sostanze sono anche dette "riserva alcalina" e il loro compito è proprio quello di difendere il sangue dall'eccessiva presenza di sostanze acide.

Se si tiene inoltre presente che in quasi tutti gli stati morbosi il sangue tende a deviare verso l'acidosi, si comprende bene quale ruolo preventivo e terapeutico possa avere la frutta acida.

Occorre ancora ricordare che queste straordinarie proprietà sono proprie della frutta cruda. Infatti con la cottura non solo la vitamina C viene distrutta, ma anche gli acidi organici in parte si volatilizzano e in parte si disperdono.

Altre proprietà rendono il limone prezioso. Il limone infatti è antibatterico e antisettico, antiurico e antigottoso, antisclerotico e diuretico, antiemorragico e protettore dei vasi sanguigni.

Il limone è inoltre antidiarroico nel senso che, in presenza di diarrea, la sua assunzione è in grado di ridurre rapidamente l'imponenza del disturbo. **Chi è già stitico però, come molte donne incinte, non deve temere un aggravamento del problema e l'assunzione del limone** (sotto forma di succo, diluito con acqua o con succo di altri agrumi e sorbito al mattino a digiuno) può essere tranquillamente mantenuta.

Una controindicazione merita invece di essere sottolineata. Poiché la tendenza del limone è quella di alleggerire, di ammorbidire, di sciogliere... se ne devono servire con cautela coloro che già vivono poco "con i piedi per terra".
In altre parole, devono fare un uso limitato di limone i grandi magri, quelli che non riescono a ingrassare, quelli che non riescono a essere concreti e che "sfarfallano" con la mente di qua e di là senza concludere nulla.
✓ limone – frutta acidula – stitichezza – diarrea

Quali alimenti favoriscono la produzione di latte materno?

Se è permesso un paragone forse un po' irriverente, bisognerebbe chiedere ai mandriani cosa danno da mangiare alle loro mucche.
E ci sentiremmo rispondere che il latte migliore, più profumato, abbondante e ricco di preziosi elementi proteici e vitaminici le mucche lo producono quando sono al pascolo e mangiano abbondanti quantità di foraggio fresco e verde.
La neo mamma non è certamente una mucca, tuttavia una buona presenza sulla sua tavola di verdure e frutta fresche e crude è certamente indispensabile.
Occorre poi limitare il più possibile gli alimenti conservati e addizionati con sostanze chimiche. Non solo perché non accrescono affatto la vitalità dell'organismo, ma anche perché attraverso il latte queste sostanze arrivano direttamente al piccolo poppante.
Ed esiste oggi il fondato sospetto che la travolgente avanzata delle malattie allergiche trovi una spiegazione anche nella precocità e nell'intensità con cui il neonato viene messo, suo malgrado, in contatto con sostanze chimiche estranee.
Che il bere latte faccia produrre tanto latte è un'affermazione tutta da dimostrare. Anzi, si può verificare il caso che non solo il latte crea problemi digestivi alla madre (molti adulti hanno ormai perduto la capacità di digerire il lattosio, uno zucchero contenuto nel latte, e la sua presenza nell'intestino provoca fastidiosi fenomeni fermentativi con gonfiori e diarrea), ma li provoca anche nel bimbo.
Non sempre si hanno risposte positive, ma almeno nel 30-40% dei casi la sospensione, nell'alimentazione della madre, del latte e dei derivati ha portato alla scomparsa di coliche gassose e di irritazioni cutanee nel lattante.

Esistono alcuni alimenti da utilizzare con cautela o da evitare del tutto perché impartiscono al latte un gusto che può non essere gradito al piccolo. Si tratta di cipolla, aglio, porri, cavoli e asparagi. Altre piante, come i carciofi e la menta, limitano la produzione del latte.

Non dovrebbe essere necessario, ma **è bene richiamare l'attenzione anche sul fatto che la nicotina, la caffeina, l'alcol e i farmaci passano senz'altro nel latte e il loro uso deve quindi essere abolito.**

Un'integrazione con lievito di birra e con polline, un cucchiaio di ciascuno al giorno, apporta i necessari supplementi vitaminici e minerali in misura più che sufficiente, se l'alimentazione complessiva è di buona qualità.

Alcune piante favoriscono la montata lattea e rendono il gusto del latte migliore. Si può ottenere un'ottima tisana, da bere in ragione di una tazza dopo ogni poppata, anche per garantire il necessario e abbondante apporto di liquidi, mescolando in parti uguali semi di finocchio e di anice verde, galega, camomilla, liquirizia e luppolo e mettendo la miscela in infusione per 10 minuti in acqua bollente (4 cucchiai colmi per litro d'acqua).

Non bisogna infine dimenticare che **il miglior alimento per la madre che allatta è la fiducia in se stessa e il rapporto d'amore che la lega al suo piccolo.**

✓ allattamento – nicotina – alcol – farmaci – caffeina

Il latte è indispensabile per la donna incinta?

Esistono nell'immaginazione collettiva molte idee preconcette sul latte che hanno reale fondamento non tanto nella sua composizione biochimica, ma piuttosto nel ruolo che il latte ha avuto nell'infanzia e nella crescita di molti di noi.

Idee e immagini sicuramente da rispettare ma che, a un'attenta riflessione, si rivelerebbero più legate al latte materno e al seno della madre piuttosto che al latte vaccino e alle enormi mammelle delle simpatiche mucche.

Ogni specie animale, se appartenente alla classe dei mammiferi, produce il latte adatto alla crescita dei propri piccoli.

Anche a una rapida comparazione, è evidente che la maggior ricchezza in sali minerali e in proteine del latte vaccino è perfettamente idonea alla stazza del vitello e ai suoi ritmi di crescita. Molto meno invece a quelli di un cucciolo d'uomo, il quale ne-

Tabella 2 • A ciascuno il suo latte

Composizione media del latte materno
e del latte vaccino (g/litro)

latte materno		latte vaccino
885	acqua	882
9	proteine	35
35	grassi	37
70	zuccheri	48
2	sali minerali	7

La maggiore ricchezza in sali minerali e proteine del latte vaccino è perfettamente idonea alla stazza del vitello e ai suoi ritmi di crescita. Molto meno invece a quelli di un cucciolo d'uomo.

cessita invece del latte della sua madre, ben più "diluito" e di facile digestione (vedi tabella 2).
E se per ogni neonato di mammifero il latte della propria madre è sicuramente l'alimento migliore, il più completo possibile, così non è per gli adulti.
Infatti per l'uomo già cresciuto, che solo, tra i mammiferi, continua a mangiare latte anche quando lo svezzamento è terminato da tempo, sarebbero necessari ogni giorno oltre 4 litri di latte per coprire le sue esigenze nutrizionali!
Un altro motivo di riflessione ci viene dalla constatazione che l'enzima che nel nostro stomaco inizia la digestione del latte è normalmente presente dall'infanzia fino agli 8-10 anni. Successivamente questa sostanza scompare. Moltissimi adulti accusano disturbi vari, quando bevono il latte, proprio per questo.
Infine, bisogna anche riconoscere che il latte vaccino è spesso implicato, come causa principale o in via secondaria, in molte patologie a sfondo allergico. Molti raffreddori primaverili, parecchi eczemi, quasi tutte le coliti migliorano decisamente se dalla dieta viene escluso il latte vaccino.
Per tutti questi motivi **non si può dire che il latte di mucca sia un alimento indispensabile per l'uomo e la donna adulta, nemmeno se incinta.** Anzi, c'è addirittura chi, come per esempio i cultori della dieta macrobiotica, si spinge più avanti e arriva

a sconsigliare in modo categorico di assumere latte e latticini durante la gravidanza.
Anche se affermazioni così nette possono destare qualche perplessità, non si può non essere d'accordo che è perfettamente inutile, e molto probabilmente dannoso, insistere nell'assumere latte in gravidanza anche quando questo alimento proprio non piace ("ma mi hanno detto che fa bene...") oppure quando la sua assunzione provoca ben precisi disturbi.
I nutrienti presenti nel latte possono ugualmente essere introdotti nell'organismo se la dieta è varia e ricca di alimenti freschi, crudi e integrali.

✓ allergia – latte – colite – latte materno – svezzamento

Lo yogurt è più digeribile del latte?

Lo yogurt può essere ottenuto mediante l'inoculazione nel latte di batteri specifici come il Lactobacillus Bulgaricus e lo Streptococcus Thermophilus.
Durante un'opportuna incubazione a temperatura adatta, questi batteri operano in pratica una vera e propria predigestione dei più importanti costituenti del latte. Il lattosio viene trasformato

Per la sua elevata digeribilità e l'ottima assimilazione dei suoi componenti lo yogurt può essere dato con vantaggio alle donne in gravidanza. Attenzione però alle etichette dei prodotti in commercio: meglio ottenere in casa lo yogurt con una buona yogurtiera.

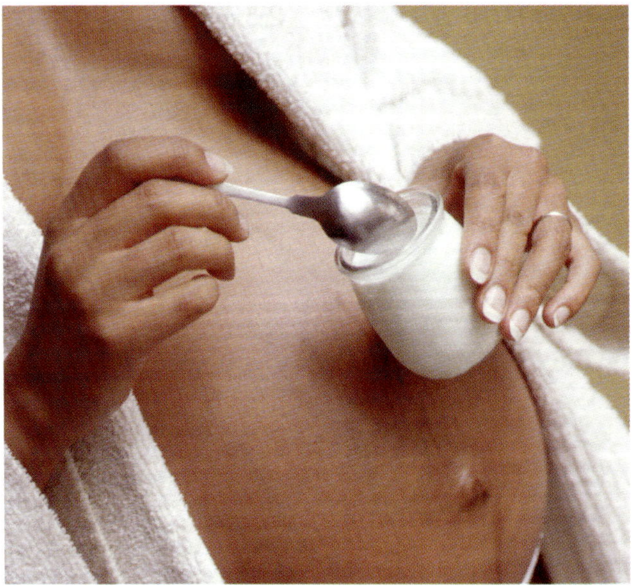

in acido lattico, le proteine sono parzialmente coagulate e anche i grassi sono molto più digeribili.
Il contenuto vitaminico, e specialmente il complesso B, è notevolmente aumentato e molti minerali del latte (calcio, fosforo, magnesio) sono resi molto più assorbibili.
Possiamo, a questo punto, ben definire lo yogurt un alimento molto diverso dal latte di partenza (di cui conserva però tutte le caratteristiche positive), più ricco, più digeribile e con speciali qualità di regolazione della flora batterica intestinale.
Lo yogurt è indicato in qualsiasi malattia, ma il suo consumo si rivela particolarmente benefico nelle gastriti e nelle ulcere, nelle stitichezze e nelle diarree, nelle coliti e nelle cure disintossicanti.
È indispensabile durante e dopo una terapia antibiotica: lo yogurt infatti contribuisce a ricostruire la flora batterica che popola il colon, sempre danneggiata da questi farmaci.
Per la sua elevata digeribilità e per l'ottima assimilazione dei suoi componenti può essere dato con vantaggio ai bambini, agli anziani, alle donne in gravidanza.
Numerosi studi mettono in rapporto il consumo regolare di yogurt con la prevenzione dell'invecchiamento e di malattie degenerative come il cancro e l'aterosclerosi.
Le trasformazioni operate dai batteri rendono possibile l'impiego dello yogurt anche nei casi in cui il latte potrebbe creare dei problemi. Si pensi alle coliti, agli eczemi, alle allergie...
Poiché in commercio esiste una notevole varietà di yogurt (oppure non definiti come tali, ma che tentano di farsi passare per yogurt usufruendo "gratuitamente" dell'immagine positiva che questo alimento ha oggi), occorrono alcune informazioni per sapersi destreggiare fra le diverse proposte e poter scegliere con cognizione di causa. Osservando bene l'etichetta, per esempio, si può scoprire che alcuni prodotti sono semplicemente delle creme di latte, variamente addizionate con frutta cotta, zucchero e coloranti, del tutto diverse dal nostro latte fermentato e prive delle sue preziose qualità.
Altre volte le confezioni contengono sì vero yogurt, ma le aggiunte sono tante e tali da abbassarne la qualità e comprometterne in buona parte la tanto decantata digeribilità. Attenzione allora agli yogurt alla marmellata, al caffè, al cacao, ai cereali, al malto... Potrebbero promettere molto e mantenere poco!

È inutile, e molto probabilmente dannoso, insistere nell'assumere latte in gravidanza anche quando questo alimento non piace oppure quando la sua assunzione provoca ben precisi disturbi.

Molto meglio ottenere in casa lo yogurt con una buona yogurtiera o acquistarlo già pronto dai produttori che, magari, utilizzano latte biologico e biodinamico.
Si potrà mangiarlo tal quale, ed è la cosa migliore quanto a digeribilità, specialmente se preso a stomaco vuoto a colazione o in uno spuntino a metà giornata, oppure vi si potrà aggiungere della frutta acidula come fragole, ciliegie, prugne, uva, arance, pompelmi.
Solamente in questo modo saremo veramente certi della qualità del nostro alimento.
✓ yogurt – colite – flora batterica intestinale

Il prezzemolo provoca l'aborto?

Alcune foglie tritate di prezzemolo sono in grado di migliorare l'aspetto e il sapore di molti piatti. In effetti, pochi sono gli aromi capaci di sposarsi così armonicamente con quasi tutti gli alimenti, vegetali e animali, che compaiono sulla nostra tavola. Ed è un bene che sia così, visto che **il prezzemolo contiene, in forma particolarmente concentrata, vitamine (A e C) e minerali (calcio, ferro, zolfo, rame, fosforo, potassio...) spesso carenti nell'alimentazione usuale.**
Ecco allora che l'abitudine di molti, di arricchire con un pizzico di prezzemolo trito le proprie vivande, diventa anche un gesto che aiuta a mantenere il benessere e a preservare la salute dell'organismo. A patto che il prezzemolo sia crudo!
La sua ricchezza lo fa diventare particolarmente prezioso soprattutto quando la dieta, per svariati motivi, deve prevedere un consumo particolarmente ridotto di ortaggi freschi e di frutta cruda.
E questo può effettivamente accadere in alcuni periodi della gravidanza, quando le nausee e il vomito possono impedire un'alimentazione sufficientemente variata; oppure quando si verificano particolari modificazioni del gusto per cui alcuni alimenti, pur preziosi, non possono più essere consumati.
Come per ogni alimento-farmaco (si veda, per esempio, il limone, la mela, l'aglio, l'uva) anche le indicazioni terapeutiche del prezzemolo, più o meno sperimentate, sono molte e delle più varie: anemie, stanchezze, reumatismi, gotta, ritenzione idrica, mancanza di mestruazioni, putrefazioni intestinali, difficoltà circolatorie, parassiti intestinali, infezioni urinarie, mastiti, leucorree e chi più ne ha più ne metta.

Merita, a questo punto, una parola rassicurante la relazione tra prezzemolo e rischio di aborto.
Al di là di truci e tristi pozioni che, nei tempi andati, venivano fatte ingurgitare a donne disperate (ma di ben altri e più efficaci strumenti si doveva dotare chi voleva interrompere una gravidanza...), **non si può assolutamente dire che sia rischioso per la donna incinta aggiungere di tanto in tanto qualche fogliolina di prezzemolo ai propri piatti.**
Il prezzemolo stimola effettivamente le fibre muscolari lisce (quelle dell'intestino, delle vie urinarie e biliari e quelle dell'utero per intenderci), ma solo quando è assunto sotto forma di 'poderoso' decotto di foglie, radici o semi.
Certo, qualche precauzione occorrerà averla se si sono già manifestate minacce d'aborto, ma in tutti gli altri casi la sua moderata assunzione non potrà costituire nessun rischio per le donne incinte.

✓ prezzemolo – aborto

Le patate, dal punto di vista nutritivo, equivalgono al pane?

I sostenitori delle diverse "scuole" che propugnano un'alimentazione sana si trovano sempre d'amore e d'accordo quando si tratta di discutere del valore nutrizionale e terapeutico di mele, ciliegie, cavoli, cipolle, carote, rape, aglio, zucche...
Tuttavia questo clima idilliaco è quasi sempre incrinato quando il discorso scivola sulle Solanacee.
Patata, pomodoro, melanzana, peperone sono ortaggi quantomeno dibattuti e sui quali una posizione certa e chiara non è sempre facilmente definibile.
Il nome stesso della famiglia non aiuta di certo.
Se la parola Solanacee contiene indubbiamente la radice latina sol, sole, e accredita così un certo qual carattere gaio, solare, aperto, estivo, gioioso di questi ortaggi, nella lingua tedesca e in quella inglese si trovano anche le definizioni Nachtschaffen e Nightshade, piante dell'ombra notturna. Una traduzione che, ai più sensibili, può far correre un brivido lungo la schiena.
Quale può essere la ragione di questa ambivalenza?
Certamente è da ricercare nella presenza, in tutte le Solanacee, di numerosi alcaloidi, cioè di sostanze che la pianta produce e poi localizza nelle foglie, nelle radici, nella corteccia, un po' per eliminare prodotti tossici derivanti dal proprio metaboli-

Tabella 3 • Se la patata non conviene

Confronto fra la composizione della patata, del grano tenero e del grano duro

	patata	grano tenero	grano duro
carboidrati	18%	75%	70%
proteine	1,5%	10%	14%
grassi	0,1%	1%	1,9%
acqua	80%	10%	10%

La ridotta presenza nelle patate di proteine e grassi richiede che l'alimentazione a base di patate sia integrata con proteine animali, costose e, per di più, quasi sempre accompagnate da grandi quantità di grassi saturi.

smo, un po' per difendersi dagli attacchi degli insetti e dei parassiti. L'alcaloide che qui ci interessa in modo particolare è la solanina, in realtà a sua volta costituita da un complesso di glucoalcaloidi. Gli effetti farmacologici e tossici che l'ingestione della solanina provoca sull'organismo umano sono essenzialmente un'irritazione della mucosa dello stomaco, una rottura dei globuli rossi circolanti, un'azione depressiva sul sistema nervoso.

Comunque, **adottando qualche accorgimento nella conservazione e nella cottura delle Solanacee commestibili, il problema della solanina si riduce obiettivamente a ben poco.**

Nelle patate fresche, appena colte, la solanina è quasi assente. Non a caso sono spontaneamente apprezzate e ricercate.

La solanina aumenta progressivamente durante il periodo di stoccaggio, specialmente se questo avviene in ambiente caldo e luminoso. La luce e il calore, infatti, provocano la fuoriuscita dei germogli, l'avvizzimento del tubero e la sua colorazione verde.

Le patate che si presentano così vanno decisamente scartate e non ammesse al consumo.

Quanto alla presunta interscambiabilità tra cereali e patate, basterà un'occhiata alla Tabella 3 per dissipare ogni dubbio. È evidente che la ridotta presenza, nell'ortaggio, di proteine e di grassi richiede che l'alimentazione a base di patate sia integrata con proteine animali, costose e, per di più, quasi sempre accompagnate da grandi quantità di grassi saturi.

Per rendersene conto basta considerare la dieta dei paesi nordici: Germania, Belgio, Inghilterra...

Un'altra osservazione pratica può indurre a non ritenere le patate un alimento da preferire ai cereali. Quando nello stesso pasto sono presenti cereali e patate, si pensi per esempio a piatti come il classico minestrone, i pizzoccheri, la pasta e patate..., la digestione è spesso caratterizzata da notevoli fenomeni fermentativi, accompagnati da eruttazioni e bruciori di stomaco. È opportuno, allora, mangiare patate di rado e organizzare il pasto in modo che, per quella volta, da esso siano esclusi i cereali in ogni forma.

✓ patate – solanina – cereali

Un piatto di cereali e legumi può sostituire la bistecca?

Le proteine contenute nella carne, nel pesce, nelle uova e nei latticini sono ritenute "complete" perché fornite di tutti gli aminoacidi, anche di quelli definiti "essenziali" perché l'organismo non è in grado di produrli autonomamente.

Le proteine reperibili, invece, nei cereali, nei legumi e nella frutta oleosa sono carenti in uno o nell'altro di questi aminoacidi e quindi sarebbero utilizzate meno completamente dall'organismo. Tutto ciò non ha impedito e non impedisce alla stragrande parte della popolazione mondiale, e nemmeno a chi, anche nell'opulento Occidente, ha scelto di escludere la carne dalla propria alimentazione, di vivere più che bene (se la quantità di cibo a disposizione è sufficiente).

Il fatto è, e per confermarlo basta soltanto parlare con uno dei nostri nonni, che mangiavano la carne forse una volta alla settimana, che la cucina popolare aveva messo a punto una serie di piatti che, integrando proteine diverse, ne elevavano la qualità fino alle vette "eccelse" della allora inarrivabile bistecca.

Tra questi alimenti tradizionali **il piatto di cereali e legumi non distingue solamente le nostre italiche cucine regionali, si pensi alla pasta e fagioli, al riso e piselli, alle lagane e ceci, ma anche quelle di altri popoli e altre culture.**

Riso e lenticchie è una sorta di piatto nazionale in India, mais e fagioli caratterizzano la cucina sudamericana, bulghur (grano duro macinato grossolanamente) e fave è facilmente reperibile in tutto il Medio Oriente...

A dire la verità, anche l'integrazione del piatto di cereali con modestissime quantità di uova o di latticini è in grado di elevare di molto la qualità delle proteine di un pasto, ma di solito questo tipo di combinazione rende la digestione un po' più lunga e laboriosa ed è quindi da riservare a qualche occasione particolare.

✓ proteine animali – proteine vegetali – cereali – legumi – uova – latticini

Il latte pastorizzato va bollito?

Essendo il latte un alimento facilmente inquinabile da microorganismi patogeni (e in realtà questo meraviglioso alimento liquido è stato "progettato" dalla natura per passare direttamente dalla mammella alla bocca di chi lo succhia...) per poter essere commercializzato esso deve essere sottoposto a trattamenti idonei a garantirne l'igienicità e la conservabilità.

Questi interventi si riducono sostanzialmente a due: la **sterilizzazione** e la **pastorizzazione**.

Il primo, che consente di ottenere latte a lunga conservazione, è l'intervento termico più radicale, in grado di distruggere tutta la flora batterica, e non solo, del latte. A seconda dei metodi usati, la temperatura a cui il latte è esposto varia dai 120 °C ai 150 °C per svariati minuti. Si ottiene un latte (se è ancora lecito chiamarlo così) che può essere conservato a temperatura ambiente anche per 5-6 mesi e che proprio per questo ha un grande successo commerciale, soprattutto quando è reperibile nelle grandi strutture distributive.

Le cospicue alterazioni provocate dal calore intenso (denaturazione delle proteine, alterazione degli zuccheri, scomparsa degli enzimi e degli anticorpi, riduzione fino quasi all'azzeramento di molte vitamine) rendono questo latte decisamente da sconsigliare per un uso quotidiano.

Molto meglio è il latte pastorizzato, riscaldato a una temperatura di 70-80 °C per pochi secondi e poi raffreddato immediatamente, che conserva sostanzialmente inalterate le sue caratteristiche nutrizionali. Si conserva in frigorifero solamente per qualche giorno proprio perché sono stati eliminati tutti i germi patogeni, ma non la preziosa flora batterica simbiotica. Per non impoverirlo ulteriormente, il latte pastorizzato va consumato a temperatura ambiente o leggermente intiepidito. La bollitura, invece, renderebbe difficile l'assimilazione di un 20% dei grassi e di un 15% delle proteine e del calcio, sequestrati nella pellicola che si forma sulle pareti del recipiente e sulla superficie del latte.

✓ latte – pastorizzazione – sterilizzazione

Che differenza c'è fra il pane fatto con lievito di birra e quello fatto con lievito naturale?

Purtroppo il pane oggi in commercio, intendiamo quello comune, bianco, ottenuto con farine raffinate, è spesso un cibo di scarso valore nutrizionale, squilibrato in tutti i suoi componenti, povero di sostanze nutritive, devitalizzato.

È della massima importanza, in gravidanza, tornare a consumare del buon pane integrale, un alimento che oltre ad apportare calorie sia anche in grado di restituire vitalità alla donna e al suo bimbo.

Per questo il pane dovrebbe possedere alcune irrinunciabili caratteristiche. Dovrebbe infatti essere confezionato con farina integrale e macinata a pietra, l'unica che rispetta l'integrità delle vitamine e dei preziosi grassi insaturi presenti nel germe del grano. Dovrebbe essere lievitato con pastella acida naturale. Vale la pena di chiarire meglio il discorso relativo alla lievitazione.

Per **lievitazione naturale** si intende quella serie di trasformazioni subite dall'impasto di farina e acqua a opera dei saccaromiceti, microscopici funghi presenti nella farina macinata di fresco. Questo processo è molto lento (anche 24 ore), ma garantisce un pane profumato e che si conserva bene per almeno una settimana.

La lenta lievitazione favorisce anche l'inattivazione dell'acido fitico, una sostanza presente nella crusca che, a causa della sua capacità di legarsi al calcio e al ferro, ne impedisce l'assorbimento intestinale. Per questo motivo il pane integrale era stato sconsigliato, da frettolosi e un po' superficiali ricercatori, a bambini, anziani e donne incinte, le persone che hanno la massima necessità di un buon apporto di minerali.

In realtà quei dati un po' allarmanti erano stati ricavati da osservazioni condotte sul pane integrale ottenuto con lievito di birra.

Questo tipo di lievitazione, troppo rapido, non consente infatti una sufficiente neutralizzazione dell'acido fitico.

Ancora un'ultima annotazione di apparente ordine estetico, ma in verità di peso qualitativo sostanziale.

Il buon pane integrale dovrebbe essere cotto in forme rotondeggianti, di almeno un chilo di peso.

Se quasi tutti i pani tradizionali sono rotondi e confezionati in pezzature consistenti non è certamente solo per problemi di praticità o per sfizi cultural-estetici. I motivi, oggi lo sappiamo, sono ben altri.

Alla fine della lievitazione, prima della cottura, il pane è molto ricco di saccaromiceti e di enzimi, elementi preziosissimi per la

Tabella 4 • C'è miele e miele

Alcuni mieli monoflora e le loro indicazioni

Quando le api bottinano prevalentemente lo stesso fiore (la legge prevede che per poter essere definito "monoflora" almeno il 45% del miele deve provenire da una stessa specie botanica) il miele che ne risulta può essere definito "miele di ...". Questo miele, naturalmente in misura attenuata, mantiene le stesse qualità terapeutiche della pianta d'origine.

miele di **abete**	antisettico delle vie respiratorie, espettorante
miele di **arancio**	antispasmodico, sedativo, antiulceroso
miele di **castagno**	ricostituente, rimineralizzante
miele di **eucalipto**	anticatarrale, emolliente, antisettico respiratorio e urinario
miele di **lavanda**	antisettico e battericida, concilia il sonno
miele di **rosmarino**	epatoprotettore, stimolante generale
miele di **tiglio**	calmante, antispasmodico
miele di **timo**	antisettico generale, disinfettante bronchiale e intestinale

nostra salute ma anche sensibilissimi alle alte temperature. Se la forma del pane è rotonda e di un certo volume, la zona centrale, più interna, non viene raggiunta completamente durante la permanenza nel forno, dal medesimo calore a cui è sottoposta la crosta.
In questo modo una parte dei saccaromiceti si salvano e hanno tutto il tempo, poi, di ricolonizzare tutta la forma trasformando il pane, nonostante la cottura, in un alimento vitale e ricchissimo di benefici batteri e di preziosi enzimi.
✓ lievito di birra – pane integrale – enzimi – saccaromiceti – lievitazione naturale

Qual è il miele più adatto?

Vediamo innanzitutto che cos'è il miele, da troppe persone scambiato semplicemente per un sostituto "naturale" dello zucchero. Prodotto dalle api a partire dal nettare e dal polline dei fiori, il miele è, come del resto tutti i prodotti dell'alveare, un'eccellente sostanza "adattogena".
Questa brutta parola sta semplicemente a significare che **il miele favorisce l'elasticità, l'adattamento, il mantenimento dell'equilibrio organico** anche quando il corpo è soggetto a forze ed energie che lo potrebbero travolgere. In altri termini, il consumo regolare di miele è utilissimo per consolidare la resistenza dell'organismo e per favorire il recupero energetico in tutte le malattie, nell'attività sportiva, durante uno sforzo fisico e psichico notevole, nella convalescenza e, naturalmente, nel periodo della gravidanza e in quello successivo, altrettanto importante, dell'allattamento. Oltre a possedere questa proprietà, aspecifica, ma importantissima, il miele può essere usato con vantaggio notevole in alcune patologie più definite: nella stitichezza, nell'ulcera gastrica e duodenale, nell'insufficienza epatica, nell'angina pectoris, nelle laringiti e nelle faringiti, nel raffreddore e nella bronchite, nelle cistiti e nelle prostatiti. Perfino per via esterna, come pomata, il miele può favorire la guarigione di piaghe, ustioni, dermatosi e ferite. Sarà bene non dimenticarlo, se sfortunatamente durante l'allattamento si dovessero formare le dolorosissime **ragadi al capezzolo**.
Occorre naturalmente ricordare che gran parte delle preziose componenti del miele, e in particolare le vitamine e gli enzimi, sono progressivamente inattivate già a partire da un riscaldamen-

to che superi di poco i 40 °C. A 75 °C l'inattivazione è completa e il miele è, a quel punto, ridotto a poco più di una miscela di acqua e zuccheri vari.
Ferma restando la possibilità e l'opportunità di utilizzare il miele come dolcificante nelle tisane o nei dolci casalinghi, **le sue virtù saranno meglio sfruttate assaporandolo a cucchiaini da solo o, in alternativa, spalmato su una fetta di pane integrale.**
Per le loro caratteristiche, adatti all'impiego in gravidanza sembrano soprattutto il miele di castagno, molto ricco in minerali e buon ricostituente generale, e il miele di tiglio, dalle spiccate caratteristiche calmanti e antispasmodiche (vedi la Tabella 4 nella pagina precedente).
✓ miele

Noci e mandorle possono favorire un blocco intestinale?

Un simile interrogativo fa parte, a buon diritto, della serie di perplessità e di luoghi comuni riguardanti il consumo di questi preziosi e insostituibili semi oleosi.

Altri, e molto comuni, sono:

- Le noci sono indigeste?
- Chi ha difficoltà epatiche, può mangiare le mandorle?
- Non posso mangiare noci, mandorle e nocciole perché ho la colesterolemia alta.
- Ogni volta che assaggio qualche noce mi vengono le emorroidi.
- Se mangio nocciole o noci la sera, non riesco più a dormire per tutta la notte.

E via elencando... Potremmo continuare così ancora per qualche pagina, tante e tali sono le esperienze negative che molti hanno fatto e continuano a fare (perché le noci, si sa, sono come le ciliegie: una tira l'altra) solo perché non si decidono ad applicare anche ai semi oleosi le preziose regolette delle buone combinazioni alimentari.

Tabella 5 • Semi oleosi: una risorsa da non sottovalutare

Composizione media di alcuni semi oleosi (i valori sono riferiti a 100 g)

	proteine	grassi	glucidi	calcio	fosforo	ferro	vit. A	calorie
	g	g	g	mg	mg	mg	mcg	
mandorle	19	51	11	236	508	4,6	-	570
noci	16	63	11	131	283	2,6	6	670
nocciole	13	62	13	150	322	3,3	30	640
pinoli	30	48	12	40	466	2,0	9	580

È un vero peccato, infatti, dover rinunciare a consumare con regolarità questi alimenti, preziosi sempre ma doppiamente indicati durante la gravidanza, un po' per la loro composizione e un po' per un certo qual suggestivo simbolismo che fa dei semi, e dei frutti ricchi di semi come la zucca, il melograno, l'arancia, il cedro, l'immagine della fecondità e della nuova vita.
I semi oleosi, così denominati per il forte contenuto di grassi, di tipo insaturo e quindi benefici per l'organismo, contengono anche una discreta quantità di buone proteine (vedi la Tabella 5).
La ricchezza in vitamine e in elementi minerali, in special modo in calcio, fosforo, ferro e vitamina A, li rende alimenti utilissimi, a torto trascurati. **Non è, infatti, la loro composizione che li rende difficili da digerire** (i formaggi, per esempio, possono avere una composizione analoga, eppure nessuno si sogna mai di dire che i formaggi sono "pesanti"; anzi, li si sceglie spesso per concludere un pasto...), **quanto piuttosto il loro uso sconsiderato.** Vengono, di solito, mangiati in quantità pantagrueliche e inseriti alla fine di un pasto, magari già abbondante e ricco di nutrienti.
Per essere fonte di salute e di piacere, **i semi oleosi devono essere mangiati come l'unica proteina del pasto**, accompagnati, ormai lo si sa, con del pane integrale e un contorno di verdure crude. In questo modo, i semi oleosi non solo saranno perfettamente digeriti, ma potranno anche sviluppare appieno le loro qualità terapeutiche.

✓ semi oleosi – proteine vegetali – noce – mandorla – nocciola – pinolo – combinazioni alimentari

Mangiare pesce con regolarità può influire sui tempi della gestazione?

In effetti da qualche anno a questa parte molti ricercatori, studiando gli effetti della dieta sull'andamento della gravidanza, hanno osservato che l'assunzione di pesce ha una certa importanza per determinare la lunghezza della gestazione.
Che la responsabilità sia proprio di alcune componenti del pesce, e non di altri elementi come il clima, per esempio, è stato dimostrato dal fatto che le medesime osservazioni e i medesimi effetti venivano riscontrati in popolazioni africane e in altre che abitavano in condizioni affatto diverse. A questo proposito vale la pena segnalare l'esempio delle donne incinte delle isole Faroer, sperdute nell'Atlantico settentrionale, che hanno come unica fonte di proteine animali il pesce.

Su questo argomento è stato pubblicato su Lancet, rivista medica di fama internazionale, un lavoro che dimostrava come le gestanti delle Faroer avessero una gravidanza a termine più lunga di 4 giorni rispetto alla media delle donne danesi, che conducevano invece una dieta più varia, e come il peso medio dei loro neonati superasse quello dei coetanei danesi di almeno 100 g.
E ogni ostetrica sa per esperienza quanto siano importanti quei grammi in più per il buon andamento del periodo immediatamente successivo alla nascita.
L'ipotesi proposta è che particolari grassi del pesce, di cui, tra l'altro, il pesce del Mare del Nord è particolarmente ricco, possano ritardare la produzione di sostanze ormonali, le prostaglandine, che sono in grado di avviare i meccanismi del travaglio.
Una conferma è stata ottenuta somministrando a un altro gruppo di donne incinte, non già l'appetitoso pesce ma del semplice olio di pesce in capsule: i risultati erano analoghi.
Viene a questo punto spontanea una considerazione.

Una ipotesi proposta da alcuni ricercatori è che particolari grassi del pesce, di cui tra l'altro il pesce del Mare del Nord è ricco, possano ritardare la produzione di sostanze ormonali, le prostaglandine, che sono in grado di avviare i meccanismi del travaglio.

Visti gli effetti del pesce, se ne potrebbe prospettare una possibile utilizzazione, come se fosse un farmaco, nei casi in cui la gravidanza minaccia di concludersi troppo precocemente. E, naturalmente, sarà opportuno limitarlo alle gestanti la cui gravidanza – già oltre il termine – non dà cenno di avviarsi alla conclusione.

✓ pesce – aborto – parto prematuro – prostaglandine

Gli alimenti sterilizzati sono più sicuri?

L'igiene personale e ambientale è certamente un'acquisizione importante per la società. Dopo che si sono costruite le fognature e che si è imparato a lavarsi le mani, molte delle malattie infettive (e parecchie delle infezioni ospedaliere: clamoroso il caso delle infezioni puerperali che falcidiavano nei secoli scorsi le donne che venivano visitate, una dopo l'altra, da medici e studenti di medicina senza nessuna precauzione igienica e praticamente scomparse quando finalmente le mani vennero disinfettate) hanno diminuito la loro incidenza.

La pulizia è quindi un aspetto positivo, e ormai ineliminabile, della nostra società.

Ma da questo a trasformare i lavandini o altri accessori della stanza da bagno, deputati a svolgere meno nobili funzioni, in strutture così pulite "che ci si può mangiare dentro", se permettete c'è una grande differenza. C'è una vera e propria ossessione nei confronti dello sporco, dei batteri, dei microbi e dei virus per cui ci si difende a spada tratta e, spesso, in modo irragionevole da questi microorganismi, addebitando esclusivamente a loro, tra l'altro, colpe che dovrebbero quantomeno essere divise a metà con l'uomo.

Quello che molti non hanno ancora capito è che **l'organismo umano non è una struttura che vive isolata dall'ambiente esterno**, ma con questo ambiente deve interagire per poter rimanere in salute o per poterla riconquistare. E di questo ambiente fanno parte, a buon diritto, anche i batteri e i virus.

La malattia è il risultato di una "battaglia" che l'uomo e il batterio conducono una volta venuti in contatto, utilizzando ognuno le armi a propria disposizione. Quella dell'organismo umano si chiama sistema immunitario e solo se questo è debole dall'incontro scaturirà una malattia.

Non esistono, però, solo i batteri patogeni, cioè quelli che, venendo in contatto con l'organismo umano, qualche volta provo-

cano una malattia. Attorno a noi e dentro di noi, nelle cavità organiche, vivono e si sviluppano ceppi batterici che interagiscono simbioticamente con il nostro organismo.
La simbiosi è un rapporto che si instaura tra due esseri viventi che, da questo rapporto, traggono vantaggi reciproci.
Nel nostro intestino, per esempio, vivono una grande quantità di batteri che esercitano molte funzioni, dalla barriera opposta contro germi patogeni alla produzione di vitamine, dalla partecipazione ai processi digestivi alla regolazione della defecazione...
La nostra salute non potrebbe essere la stessa senza questa flora batterica intestinale, e ben lo sanno coloro che, per una cura antibiotica, hanno visto distrutto l'equilibrio biologico del loro colon.
Ma da dove arrivano questi batteri che si stabiliscono all'interno del nostro intestino?
È essenzialmente la qualità dell'alimentazione che è in grado di determinare una maggiore o minore presenza di flora batterica nel colon.
La frutta e la verdura crude, gli alimenti ricchi di fermenti e di vitamine come lo yogurt, il buon pane integrale, i crauti, il lievito di birra, i cibi poco o niente manipolati sono in grado di favorire l'impianto e lo sviluppo di una buona flora batterica intestinale.
Al contrario, gli alimenti cotti, quelli in scatola, gli additivi alimentari, i conservanti esercitano l'effetto opposto e, indebolendo la presenza dei batteri simbionti nell'intestino, anche per questo influiscono negativamente sulla nostra salute.
Vale la pena, a questo proposito, di ricordare un grave episodio accaduto a Napoli nell'inverno 1978-79.
In quei mesi si verificò un'epidemia di polmonite virale che provocò la morte di 80 bambini al di sotto dell'anno di età.
L'inchiesta successiva valutò, tra gli altri parametri, anche l'alimentazione dei bambini colpiti dalla malattia e di quelli morti.
I risultati furono estremamente interessanti.
Risultarono colpiti prevalentemente i bambini allattati artificialmente. **I piccoli ammalati che erano allattati al seno guarirono tutti.** La malattia ha avuto esito mortale solamente per i piccoli allattati artificialmente.
Se si pensa che gli alimenti per l'infanzia (latte in polvere e omogeneizzati) vengono propagandati decantando come un pregio il

C'è una vera e propria ossessione nei confronti dello sporco, dei batteri, dei microbi e dei virus per cui ci si difende a spada tratta e, spesso, in modo irragionevole da questi microorganismi, addebitando esclusivamente a loro, tra l'altro, colpe che dovrebbero quantomeno essere divise a metà con l'uomo.

fatto che siano alimenti assolutamente sterili, e quindi sicuri, c'è di che mettersi le mani nei capelli!
Un fatto doloroso come questo può ben portarci a considerare gli alimenti sterili come veri e propri "alimenti a rischio". Non tanto, ovviamente, se il loro consumo è occasionale e ben bilanciato dalla presenza di alimenti ricchi di batteri e di fermenti, ma soprattutto quando la gran parte dell'alimentazione è basata su alimenti devitalizzati, conservati, addizionati.
E a maggior ragione ciò vale se ci si trova in un periodo particolarmente delicato come una malattia, una convalescenza, la gravidanza, l'allattamento...
✓ alimenti sterilizzati – flora batterica intestinale – yogurt – crauti – latte in polvere – omogeneizzati – pane integrale

Mangiare le alghe può essere utile?

Centinaia di milioni di persone inseriscono normalmente, da secoli, le alghe marine nella loro alimentazione quotidiana. I popoli orientali, specialmente i cinesi e i giapponesi, consumano grandi quantità di alghe assieme al pesce e al riso, i loro cibi tradizionali. Anche nella vecchia Europa, tuttavia, è presente la consuetudine di confezionare piatti tipici integrati da alghe di mare. La Bretagna e l'Irlanda, ma anche la nostra Sicilia, sono le zone la cui gastronomia sa offrire piatti siffatti, magari sdegnati dal turista ma apprezzati dai pescatori locali.
Vere e proprie "verdure di mare", **le alghe sono utili non solo come valido alimento, ma anche, per la loro ricca e complessa composizione, come elemento terapeutico non trascurabile**. Vivendo nel mare, assorbono direttamente tutti i minerali e gli oligoelementi di cui il mare, come sappiamo, è ricchissimo. Troviamo allora iodio (l'elemento più abbondante: fino all'1% del peso secco), magnesio, potassio, calcio (6-14 volte più abbondante che nel latte), alluminio, manganese, ferro (5 volte più abbondante che nel tuorlo d'uovo e 10 volte più che nella carne di manzo), fosforo, zolfo, rame, nichel, oro, zinco, cobalto, stronzio, titanio...

Le alghe contengono inoltre, in alta proporzione, molte vitamine (A, B1, B2, B3, B6, B12, C, D, E, F, K, PP), proteine con aminoacidi pregiati, amidi, clorofilla, grassi prevalentemente di tipo insaturo e perfino sostanze ad attività antibiotica.

Nessun altro alimento può vantare una tale completezza e varietà di componenti.
D'altra parte, questi vegetali vivono e prosperano nel mare, il "brodo primordiale" per eccellenza, dal quale ogni forma di vita, anche terrestre, ha tratto origine.
Le indicazioni terapeutiche delle alghe sono numerosissime: dal linfatismo alla demineralizzazione, dalla stanchezza alle anemie, dai reumatismi all'obesità, dall'invecchiamento alle allergie, dalle affezioni respiratorie a quelle cutanee, dall'ipercolesterolemia all'aterosclerosi...
Ma al di là di queste situazioni francamente patologiche, le alghe possono costituire un prezioso complemento anche durante la gravidanza, in grado da sole di colmare le carenze e di correggere i difetti della nostra alimentazione.
Come consumare le alghe?
Per chi è refrattario a modificare, almeno un po', i propri gusti e le proprie abitudini alimentari esistono in commercio delle pratiche compresse a base di alghe marine polverizzate. Si possono assumere in coincidenza con i pasti principali, evitando di masticarle (il gusto è infatti sgradevole), nella dose di 2-6 compresse al giorno.
Per chi è più curioso e disponibile è invece sicuramente vantaggioso inserire molto spesso, anche giornalmente, le alghe nell'alimentazione.
È necessario, ovviamente, consultare qualche libro di ricette per imparare a distinguere i diversi tipi di alghe (kombu, hiziki, dulse, arame, nori, agar-agar) e i piatti che meglio le valorizzano. I risultati sono ottimi.
✓ alghe

Vere e proprie "verdure di mare", le alghe sono utili non solo come valido alimento, ma anche, per la loro ricca e complessa composizione, come elemento terapeutico non trascurabile.

LA SPAZZATURA NELLA DISPENSA

Lungo tutto questo lavoro sarà possibile trovare, piuttosto che drastiche proibizioni e assoluti dinieghi, inviti, proposte e sollecitazioni positive.
È infatti molto più produttivo, ai fini del raggiungimento di uno scopo, partire da quello che di positivo già c'è, piuttosto che recriminare su quello che di negativo si osserva.
Questa regola viene necessariamente attenuata in questo capitolo dal titolo un po' provocatorio perché, su questi argomenti, un briciolo di energica chiarezza sembra proprio necessario.

Si può bere il caffè?

Uno studio effettuato negli Stati Uniti e pubblicato nel 1988 su Lancet, prestigiosa rivista medica di fama internazionale, ha messo in relazione il consumo di caffè e la diminuzione della fertilità. Si è infatti osservato che le donne che bevevano più di una tazza di caffè al giorno avevano una probabilità di concepire ridotta del 50%.
Altri studi, condotti questa volta, per la verità, su animali, dimostrano che la caffeina può provocare alterazioni scheletriche nei feti e diminuzioni dei nati vivi.Vere e proprie malformazioni, invece, sembra siano più frequenti in seguito ad altissime dosi, ma donne che consumano molto caffè possono andare incontro ad aborti spontanei e a parto prematuro.

Gli effetti del caffè sul feto sono del tutto analoghi a quelli che si verificano nell'adulto: aumento del battito cardiaco e eccitazione del sistema nervoso.

Un panorama, questo, sicuramente tale da sconsigliare vivamente il consumo regolare di caffè durante la gravidanza.

Un suo uso occasionale, come farmaco, può invece essere utile quando si verificano quelle stanchezze eccessive (spesso collegate a una pressione arteriosa troppo bassa) che possono a volte affliggere la donna gravida.

A questo punto la soluzione, per le inguaribili affezionate alla nera bevanda, sembrerebbe essere quella di scegliere il caffè decaffeinato. Ma anche su questo fronte, almeno finora, le notizie non sono del tutto positive. Innanzitutto, la caffeina residua, ammessa dalla legge, può nel decaffeinato raggiungere lo 0,15% e l'eliminazione è quindi solamente parziale.

La frutta e la verdura crude, gli alimenti ricchi di fermenti e di vitamine come lo yogurt, il buon pane integrale, i cibi poco o niente manipolati sono in grado di favorire l'impianto e lo sviluppo di una buona flora batterica intestinale.

In secondo luogo, il processo di eliminazione della caffeina è basato sull'uso di acqua e di solventi come il cloruro di metilene. Sostanza che poi, sia pure in tracce, rimane nella tazzina.
Bisogna dire, a onor del vero, che oggi la tecnologia della decaffeinizzazione si è raffinata e prevede l'impiego non più dei nefasti solventi, ma dell'anidride carbonica, un normale gas atmosferico. Tuttavia, in attesa di ulteriori e più precise informazioni, credo valga la pena di applicare anche al caffè quel principio generale che afferma che è pericoloso non solo il cibo di cui è stata definita la pericolosità, ma anche quello di cui non è stata provata l'innocuità.
Vale la pena di ricordare, infine, che la caffeina è contenuta, in percentuale variabile, non solo nel caffè ma anche in altri alimenti e bevande: nel tè, nel cacao, e in tutte le bibite a base di cola.

✓ caffè – cacao – infertilità – parto prematuro – malformazioni – tè – cola

Il vino previene l'anemia?

L'uso delle bevande alcoliche in gravidanza deve essere improntato alla massima cautela e questo perché, ci sia consentito affermarlo con decisione, **l'alcol può provocare molti più danni al feto di quelli che comunemente si è portati a pensare.** La placenta non è affatto, da questo punto di vista, un filtro efficace: il suo ruolo non è quello di proteggere il feto dai tossici che la madre introduce, ma semmai di facilitare gli scambi metabolici tra la madre e il bambino.
L'alcol quindi passa facilmente la barriera placentare e raggiunge rapidamente le strutture più sensibili alla sua azione tossica, soprattutto il sistema nervoso.
Il feto, inoltre, non ha la capacità di metabolizzare le molecole dell'alcol per l'assenza di sistemi enzimatici adatti.
I danni possono andare dal ridotto accrescimento alle malformazioni, dal ritardo mentale a disturbi che possono colpire il neonato subito dopo la nascita (tremori, convulsioni, vomito).
Naturalmente la probabilità e l'entità dei danni non possono che dipendere dalla quantità, dalla gradazione, dalla qualità e dal momento in cui si è introdotto l'alcol. **Non esistono, allo stato attuale delle conoscenze, motivi validi per consigliare un uso anche sporadico di alcol durante la gravidanza.**

Il problema dell'anemia può e deve essere risolto in altro modo, soprattutto con modificazioni e integrazioni dietetiche.
Quanto poi al fatto che mezzo bicchiere di vino o un "goccio" di amaro possano favorire la digestione, mi sia permesso dire che i problemi creati dall'alcol sono tali e tanti che la soluzione non può stare che da un'altra parte: un opportuno riordino della proprie abitudini alimentari, il rispetto delle buone combinazioni, una masticazione efficace possono dare risultati decisamente più apprezzabili.
Il vino in gravidanza non fa "buon sangue".
✓ alcol – vino – anemia – digestione difficile – malformazioni

I dadi per brodo hanno un valore nutritivo elevato?

Una definizione asettica e un po' generica dei dadi per brodo potrebbe essere la seguente: sono dei "preparati dalla forma cubica o a tavoletta, a base di estratti di carne, vegetali o lieviti, con l'aggiunta di sale da cucina e di glutammato monosodico".
Quello che questa definizione non dice è che il sale costituisce ben più della metà del peso del dado, che l'estratto è un prodotto ottenuto dalla bollitura di carni non utilizzabili altrimenti (chi legge scateni pure la sua fantasia per immaginare da quali parti delle carcasse viene ottenuto il "profumato" estratto) e che il glutammato monosodico è una sostanza quantomeno controversa.
Quest'ultimo fa parte, infatti, dei cosiddetti "esaltatori d'aroma", sostanze in grado di rendere più evidente e apprezzabile un determinato sapore. Specialmente, e questo è ovvio, quando di sapori e aromi ce ne sono davvero pochi!
Al di là della piccola truffa, permessa dalla legge, sia ben chiaro, **il glutammato può provocare, nei consumatori forti e abituali, un insieme di sintomi definito "sindrome da ristorante cinese".**
Un nome insolito per un insieme di sintomi, ma la cefalea, la nausea, le contrazioni muscolari dolorose colpivano più frequentemente gli estimatori della cucina dell'Estremo Oriente nella quale, com'è noto, si fa un largo e costante uso di glutammato monosodico.
Tuttavia, anche senza arrivare al quadro clinico conclamato, è possibile che un sintomo o l'altro si manifestino anche in persone che non consumano il glutammato a cucchiaini, ma sono

Un esempio per tutti illustra l'importanza di conoscere le caratteristiche dei diversi acidi grassi: la particolare ricchezza in acidi grassi polinsaturi dell'olio di semi determina molto più che nell'olio extra vergine di oliva la formazione, durante la frittura, di sostanze tossiche, irritanti e cangerogene.

particolarmente sensibili alla sua presenza, che è peraltro molto diffusa negli alimenti conservati, dalle salse pronte alle patatine fritte, dalla maionese ai salumi.

A parte il fatto che i dadi per brodo possono essere ritenuti a tutti gli effetti, per il loro contenuto in sostanze stimolanti il sistema nervoso, degli alimenti nervini (alla pari del tè, del caffè e del cacao) **il loro consumo è da sconsigliare caldamente in gravidanza** per i motivi di salute già considerati.

E con che cosa si possono insaporire le vivande che, altrimenti, "non sanno di niente"?

Beh, anche in cucina, come in tanti altri campi, la prevenzione è l'arma migliore.

Utilizzare alimenti biologici e integrali, ottenuti cioè senza concimi chimici e senza diserbanti e pesticidi, rispettando i cicli produttivi naturali, vuol dire avere a disposizione carote croccanti e saporite, insalate fresche e tenere, pane integrale morbido e profumato, frutta dolce e sugosa...

Questi alimenti, anche se cotti, non necessitano di essere particolarmente "aiutati" per essere gustosi.

Tuttavia, non sono da dimenticare le erbe aromatiche che possono arricchire di sapore e rendere più salutari molti dei nostri cibi.

Eccone un elenco, in ordine sparso, scelte fra quelle utilizzabili tranquillamente anche dalla donna incinta: semi di anice, rosmarino, salvia, basilico, maggiorana, semi di finocchio, aglio, cipolla, limone, sedano, chiodi di garofano, alloro.

✓ dadi per brodo – aromi – glutammato monosodico – sindrome da ristorante cinese – mal di testa – nausea – crampi

Meglio usare il burro o la margarina?

Per poter scegliere con cognizione di causa, occorre essere informati sulle caratteristiche dell'uno e dell'altro alimento.

Iniziamo dunque dalla margarina, la più pubblicizzata e, nonostante ciò, la meno conosciuta.

All'origine e alla base della diffusione di nuovi alimenti, specie se costituiscono il surrogato di altri cibi più pregiati, vi sono quasi sempre motivazioni di ordine bellico.

Così è stato anche per la margarina messa a punto, durante la guerra franco-prussiana, dal chimico francese Hippolyte Mège-Mouriès che vinse un concorso appositamente bandito da Napo-

Tabella 6 • Saturi e insaturi, c'è differenza

Le caratteristiche degli acidi grassi

Le caratteristiche che differenziano un grasso alimentare dall'altro (per esempio il burro dall'olio) derivano da una percentuale dei diversi acidi grassi contenuti. Gli acidi grassi, infatti, si dividono in tre gruppi chimici:

acidi grassi saturi	acido butirrico, acido capronico, acido capriclico, eccetera
acidi grassi monoinsaturi	acido miristoleico, acido palmitoleico, acido oleico, eccetera
acidi grassi polinsaturi	acido linoleico, acido linolenico, acido arachidonico, eccetera

I termini "saturo", "monoinsaturo" e "polinsaturo" significano che gli atomi di carbonio che entrano a far parte della catena degli acidi grassi sono uniti fra loro da legami più o meno stabili.
Negli acidi grassi saturi gli atomi di carbonio sono legati l'uno all'altro da legami stabili e forti.
In quelli monoinsaturi è presente solo un legame, instabile, debole.
Negli acidi grassi polinsaturi questi legami instabili sono due o più.
La maggiore o minore instabilità dei legami fra i diversi atomi di carbonio determina la maggiore o minore stabilità dell'acido grasso che li contiene. La presenza di legami insaturi, deboli, fa sì che quell'acido grasso sia più sensibile alla presenza di ossigeno, luce o calore: questi fattori sono in grado di favorire la decomposizione del grasso, di iniziare un processo di irrancidimento che rende il grasso stesso di sapore e odore acre e sgradevole.

La margarina e gli oli di semi si sono imposti con un'immagine di leggerezza e di salubrità esclusivamente grazie a un'intensa campagna promozionale, in mancanza della quale, senza dubbio, i consumi calerebbero in modo molto rapido.

leone III per la fabbricazione di un prodotto che potesse sostituire a tutti gli effetti il burro. Il suo consumo in Italia iniziò a essere promosso ed esteso intorno agli anni '40 del Novecento. Originariamente la margarina doveva servire per "nobilitare" il sego, grasso bovino non particolarmente pregiato, emulsionandolo al latte. Oggi la legge italiana consente la fabbricazione della margarina a partire da tutti i tipi di grassi, vegetali e animali, fatta eccezione per il burro e il grasso di maiale.

Sono quindi usati oli di semi (inclusi quelli di palma e di palmisto, ricchissimi di acidi grassi saturi), grasso di bue e di montone, oli estratti dalla balena e dalla foca.

Vi si aggiungono acqua, acido sorbico per aumentarne la conservabilità, aromi naturali e coloranti per ovvi motivi, lecitina e gliceridi degli acidi grassi per ottenere un'emulsione migliore.

I grassi vengono sottoposti anche a un processo di idrogenazione. Questo processo consiste nel saturare con idrogeno, a temperatura di 110-190°C e in presenza di nickel polverizzato, gli acidi grassi polinsaturi liquidi. Si consente, in questo modo, una solidificazione del prodotto ma si favorisce al tempo stesso la formazione di grassi con una struttura chimica particolare (**transaturi**), poco presenti in natura e la cui nocività per il nostro organismo non è ancora stata esclusa (vedi la Tabella 6).

Per tutti questi motivi **la margarina è un alimento molto scadente dal punto di vista biologico-nutrizionale.**

Il burro non ha bisogno di presentazioni. Ricordiamo solamente che contiene l'84% di grassi (e di questi il 70% sono grassi saturi) e quindi fornisce molte calorie: circa 750 ogni 100 g.

È inoltre molto ricco di colesterolo: ne contiene fino a 250 mg per 100 g.

A questo punto, è evidente che l'impiego della margarina è assolutamente da sconsigliare prima, durante e dopo la gravidanza e che il burro, specialmente se utilizzato saltuariamente, crudo e in modesta quantità, ne è sicuramente un sostituto più che valido.

Un'ultima riflessione sulla potenza della persuasione pubblicitaria. La margarina, e, d'altra parte, gli oli di semi, si sono imposti con un'immagine di leggerezza e di salubrità esclusivamente grazie a un'intensa campagna promozionale, in mancanza della quale, senza dubbio, i consumi calerebbero in modo molto rapido.

✓ margarina – burro – grassi poliinsaturi – grassi saturi – nickel

Gli oli di semi sono più leggeri e digeribili?

Il consumo degli oli ricavati da semi oleosi (arachide, mais, colza, girasole, soia, vinacciolo...) è enormemente aumentato in questi ultimi decenni grazie a una campagna di informazione e pubblicitaria che ha utilizzato falsità, calunnie e vere e proprie sciocchezze. Tutto per accreditare un'immagine degli oli di semi come più leggeri, più digeribili e più adatti alla frittura degli altri grassi tradizionali.

Vale la pena di rispondere punto per punto a queste che sono ormai diventate vere e proprie convinzioni per la maggioranza dei consumatori.

È falso che l'olio di semi sia più leggero e meno grasso: sviluppa infatti circa 930 calorie per 100 g, quando l'olio extra vergine d'oliva ne dà 900.

È falso che l'olio di semi sia più digeribile: se definiamo uguale a 100 la digeribilità dell'olio extra vergine d'oliva, quella dell'olio di girasole è 83, dell'olio di arachidi 81, dell'olio di sesamo 57, dell'olio di mais 36.

È soprattutto falso che l'olio di semi sia più adatto per la frittura. La sua particolare ricchezza in acidi grassi polinsaturi, che, a motivo dei deboli legami chimici contenuti, sono molto sensibili all'azione del calore, determina molto più che nell'olio extra vergine d'oliva la formazione, durante la frittura, di sostanze tossiche, irritanti e cancerogene.

Già quest'ultimo fatto dovrebbe bastare per sconsigliare l'uso, in gravidanza, degli oli di semi.

Un'altra grossa perplessità, tuttavia, sorge esaminando la tecnologia di estrazione di questi grassi.

Poiché i semi da cui sono estratti gli oli in questione non contengono, al contrario dell'oliva, le "cellule oleifere", cioè cellule al cui interno è racchiusa una minuscola goccia di grasso, non basta la sola spremitura meccanica a freddo per ottenere una quantità di prodotto che sia economicamente conveniente.

Il procedimento di estrazione degli oli di semi è per questo molto complesso e vede nel riscaldamento ad alte temperature e nell'uso di solventi i due cardini fondamentali.

I solventi (appartengono alla stessa categoria di sostanze che vengono usate per togliere le macchie di unto dai vestiti!) sono poi separati dall'olio mediante evaporazione a caldo, ma con ogni probabilità rimangono in tracce nel prodotto finale.

Ma non è finita qui.

Utilizzare alimenti biologici e integrali, ottenuti cioè senza concimi chimici e senza diserbanti e pesticidi, rispettando i cicli produttivi naturali, vuol dire avere a disposizione carote croccanti e saporite, insalate fresche e tenere, pane integrale morbido e profumato, frutta dolce e sugosa.

A questo punto del processo estrattivo ci si trova di fronte a un grasso liquido troppo acido e dal sapore e odore non piacevoli.
Si impone quindi la rettificazione di questi parametri con alcali, filtri a carboni attivi e vapore acqueo a 170-180 °C. Il risultato non può che essere quell'olio di semi che tutti conosciamo: incolore, inodore e insapore. Perfetto quindi per accreditare quella fama di alimento "leggero" che è ormai saldamente radicata nell'immaginario collettivo.
Ma che cosa ci ritroviamo a questo punto nella lattina? Un alimento fortemente impoverito di vitamine e di elementi antiossidanti, tanto che la legge prevede specificamente la possibilità che ne vengano aggiunti, ovviamente sintetici come il butilidrossianisolo e il gallato di ottile, per garantire una certa stabilità e conservabilità del prodotto dal punto di vista commerciale.
Sull'innocuità per l'organismo umano (e per il feto in particolare) di queste sostanze è lecito nutrire qualche fondato dubbio.
È evidente allora che l'uso degli oli di semi, o almeno di "questi" oli di semi, ottenuti secondo queste tecniche, non può essere consigliato a nessuno, e tantomeno durante la gravidanza.
Come fare però per approfittare dell'ottima qualità nutrizionale dei semi oleosi, e in particolare della vitamina E (la vitamina della fertilità) e degli acidi grassi insaturi che svolgono un ruolo importante nella prevenzione delle malattie cardiovascolari?
La cosa più semplice è mangiar direttamente il seme (girasole, noci, mandorle, nocciole, sesamo) o, in altri casi, utilizzare le farine integrali ottenute dalla loro macinazione, per esempio quella di mais.

✓ olio di semi – butilidrossianisolo – gallato di ottile – acidi grassi transaturi – solventi – rettificazione – olio extra vergine d'oliva – vitamina E – grassi insaturi.

INTEGRARE: PERCHÈ?

Si trovano in questo capitolo poche riflessioni e alcune informazioni per districarsi in un campo dove, più che in altri, la pirateria commerciale e una certa e interessata informazione salutistica hanno indotto comportamenti e soprattutto acquisti non sempre giustificati.

Integratori vitaminici e minerali sono solo una moda?

Sulla necessità di integrare la normale alimentazione della donna incinta, e in generale di tutti coloro che amano curarsi con il cibo, vi sono diverse, e opposte, scuole di pensiero.
Da una parte stanno quelli che, molto attenti alle variazioni degli esami ematochimici e sensibili, forse troppo, alle ricerche e alle proposte dell'industria farmaceutica, non lasciano passare giorno senza consigliare o assumere durante la gestazione preparati a base di ferro, supplementi di calcio, concentrati polivitaminici, pillole di fluoro...
In questo gruppo, veramente molto vasto, ci stanno quasi tutti i tecnici sanitari e, paradossalmente, anche coloro che di solito affermano di non volerne sapere di farmaci. Sono frequentemente, questi ultimi, i più accaniti consumatori di estratti "naturali", di miracolose pozioni "di lunga vita" il cui comune denominatore è, troppo spesso, solamente il costo elevato.
Opposti ai patiti del supplemento e dell'integrazione stanno i na-

turisti a oltranza, i "duri e puri" a ogni costo. Affermano costoro, e non senza qualche ragione, che se gli alimenti consumati sono ottenuti con sistemi biologici o biodinamici, se la proporzione fra cibo animale e cibo vegetale è decisamente a favore di quest'ultimo, se è rispettata la ricerca dell'integralità dell'alimento, se nella composizione dei pasti sono tenute in considerazione le regole delle buone combinazioni alimentari... che bisogno c'è di arricchire, di integrare una dieta già basata su cibi sani e consumati così come la natura li propone?

C'è del vero, dicevamo, in queste affermazioni, ma esse suonano un po' troppo perentorie e forse anche semplicistiche.

Dimenticano infatti, gli amici "estremisti", che l'uomo non vive solo di quello che mette nel piatto. Anche l'ambiente fisico che gli sta intorno lo nutre.

E questo ambiente, oggi, è carico di sostanze e di elementi che esercitano un'azione tossica e nociva sull'organismo.

Si pensi all'inquinamento dell'aria provocato dalle industrie, dai sistemi di riscaldamento delle abitazioni civili e dal traffico automobilistico; al deterioramento del clima nelle case e nei luoghi di lavoro a causa della presenza di materiali sintetici nell'arredo non più realizzato con materiali naturali come il legno, dei prodotti chimici utilizzati quotidianamente e dei sistemi di condizionamento; all'alterazione del normale campo elettromagnetico dovuta alla sempre più massiccia utilizzazione di macchine funzionanti a energia elettrica, come per esempio la televisione, la radio, il forno a microonde, il computer.

L'influenza di un ambiente che sembra avvelenare invece che nutrire è in qualche modo compensata dall'organismo che utilizza, per questo scopo, le vitamine, i sali minerali, gli oligoelementi, gli enzimi forniti dagli alimenti.

Il fossato che separa la necessità sempre maggiore di queste sostanze e l'apporto alimentare può essere colmato proprio dai famosi integratori alimentari.

Tanto più nel periodo della gravidanza quando uno dei due organismi, il feto, è particolarmente sensibile alle aggressioni ambientali.

Non bisogna pensare, si badi bene, di poter riequilibrare un'alimentazione che equilibrata non è con qualche compressa o alcuni cucchiaini di una miracolosa sostanza...

È sempre necessario fare uno sforzo globale di miglioramento

Non bisogna pensare di poter riequilibrare un'alimentazione che equilibrata non è con qualche compressa o alcuni cucchiaini di una miracolosa sostanza... È sempre necessario fare uno sforzo globale di miglioramento delle proprie abitudini alimentari.

delle proprie abitudini alimentari, seguendo le indicazioni prospettate in questo volume.

✓ integratori alimentari – inquinamento ambientale – vitamine – oligoelementi – alimenti biologici – alimenti integrali

Che cosa sono gli oligoelementi?

Sono il gruppo più numeroso, ma quantitativamente limitato, dei minerali presenti nell'organismo umano. Il loro peso complessivo non supera i 7-8 g.

Nonostante ciò la loro funzione è importantissima e insostituibile. Per la crescita dell'organismo e per il corretto svolgersi di tutte le funzioni vitali è indispensabile che migliaia di reazioni chimiche, all'interno delle cellule, avvengano in modo semplice e in tempi rapidi.

A questo scopo, speciali sostanze come le vitamine e gli oligoelementi fungono da catalizzatori, cioè rendono possibili le reazioni chimiche senza peraltro essere presenti nel prodotto finale della reazione.

È facile capire che la carenza, sia pur irrilevante da un punto di vista quantitativo, di un elemento minerale può compromettere a vari livelli la salute dell'organismo.

Calo delle difese immunitarie, fenomeni allergici, irritazioni cutanee, stanchezza, artrosi, invecchiamento precoce, diabete, insonnia sono solo alcune delle situazioni patologiche che possono trarre vantaggio dalla terapia con oligoelementi. E che quindi, in tutta evidenza, sono in qualche modo associate a una loro carenza.

Ma quali sono e dove si trovano questi minerali?

Ferro, silicio, fluoro, cobalto, arsenico, nickel, selenio, molibdeno, manganese, rame, zinco... si trovano variamente distribuiti nei diversi alimenti che, se non sottoposti a processi di trasformazione e di impoverimento, impropriamente definiti spesso come di "raffinazione", garantirebbero ampiamente il soddisfacimento dei bisogni organici.

Il problema si pone oggi quando una larga parte del cibo, nelle società industrializzate come la nostra, arriva sulla tavola già carente in molte sue componenti. Si pensi ai cereali, al sale, all'olio, ma anche allo scatolame e agli alimenti conservati in genere.

Senza dimenticare che l'agricoltura e l'allevamento, basati per lo più sulla "chimica", sono responsabili, anche per gli alimenti freschi, di modificazioni, naturalmente peggiorative, della loro composizione.

✓ oligoelementi – minerali – catalizzatori – raffinazione – scatolame

Perché il fabbisogno di vitamine aumenta?

Le vitamine, com'è noto, non sono nient'altro che dei catalizzatori, cioè elementi che facilitano le reazione chimiche che avvengono nel nostro organismo.

In altre parole, **senza le vitamine l'accrescimento corporeo, la produzione di anticorpi, la riparazione delle ferite, l'equilibrio ormonale, il ritmo regolare del sonno, la capacità di lavoro dell'organismo sarebbero grandemente compromessi.**

È anche intuibile come, durante la gravidanza, tutte queste esigenze – e molte altre, qui impossibili da elencare – siano, per così dire, raddoppiate.

Non per questo si deve allungare la mano verso le confezioni delle vitamine sintetiche.

Una corretta alimentazione è perfettamente in grado di sopperire anche a questa esigenza, a patto però che gli alimenti freschi e crudi vi siano ben rappresentati e che gli alimenti conservati, addizionati, raffinati siano eliminati o ridotti a piccola integrazione.

Esistono, comunque, anche in natura degli alimenti caratterizzati da un notevole contenuto vitaminico: il lievito di birra, il polline, la pappa reale, i germogli, lo yogurt, gli alimenti lacto-fermentati come i crauti o gli "insalatini" macrobiotici...

Inserire con regolarità l'uno o l'altro di questi alimenti nei propri pasti garantisce in modo più che sufficiente quella necessaria integrazione vitaminica che la gravidanza indubbiamente richiede

✓ vitamine – lievito di birra – polline – pappa reale – germogli – yogurt – crauti

Perché è importante l'acido folico?

L'acido folico è essenziale per una corretta divisione e moltiplicazione cellulare. Tutti i tessuti del corpo necessitano di grandi quantità di acido folico, ma in modo particolare quelli in rapida crescita o quelli all'interno dei quali il ricambio è particolarmente vivace.

È facile comprendere, a questo punto, come mai l'embrione e il feto siano organismi estremamente sensibili alla presenza di questo elemento ad attività vitaminica.

La sua presenza negli alimenti è abbastanza diffusa e in grande quantità si trova nei vegetali freschi e crudi, nella frutta, nel lievito, nel fegato e nelle carni.

La dieta usuale dovrebbe garantire quindi, almeno sulla carta, un apporto adeguato di acido folico. Invece, secondo la letteratura scientifica internazionale, in Occidente la carenza di acido folico interessa una donna su tre, mentre in India questa percentuale arriva anche a superare il 50%.

Proprio in questa carenza sembra si debbano trovare le spiegazioni di molte infertilità senza causa, di molti aborti senza responsabilità apparenti, di molte malformazioni cerebrali e del sistema nervoso come la microcefalia o la spina bifida.

Come è possibile che una dieta varia e abbondante possa essere all'origine di siffatte carenze?

Occorre tener conto che **l'acido folico è molto sensibile alla temperatura** e che quindi l'assunzione prevalente di cibi cotti non garantisce un apporto adeguato.

Vi possono anche essere difficoltà nell'assorbimento intestinale e, infine, è necessario sapere che l'assunzione della pillola anticoncezionale produce una carenza di acido folico. E poiché molte donne iniziano una gravidanza subito dopo averne interrotto l'uso, è possibile che già dall'inizio quella gestazione sia, da questo punto di vista, a rischio.

È quindi urgente rendersi conto che **il miglioramento qualitativo dell'alimentazione in gravidanza** (frutta e verdure fresche e crude, integrazioni con lievito di birra e polline, riduzione o eliminazione degli alimenti conservati o snaturati da interventi eccessivamente radicali...) **è una necessità reale e non una moda intellettuale.**

✓ acido folico – malformazioni – spina bifida – lievito di birra – alimenti conservati – pillola anticoncezionale

Polline o pappa reale?

Polline e pappa reale fanno parte di quella categoria di alimenti definibili "rivitalizzanti".

La loro funzione, infatti, non è tanto quella di apportare calorie, quanto piuttosto di stimolare la forza vitale organica e di favorire quell'indispensabile processo di adattamento alle condizioni stressanti esterne e interne che è alla base dell'equilibrio organico. La loro necessità è evidente per alcune categorie di persone e in alcuni periodi della vita: bambini e anziani, ammalati e convalescenti, sportivi e grandi lavoratori, donne gravide e che allattano.

Il polline, una polvere giallastra e appiccicosa che le api raccolgono dai fiori e poi riducono in forma di piccole palline, le stesse che poi si trovano in commercio, è ricchissimo di elementi indispensabili alla vita.

Nella sua composizione si notano proteine (20%) con una buona presenza di aminoacidi essenziali, zuccheri (30%), grassi (5%), ma soprattutto quasi tutte le vitamine, minerali e oligoelementi, enzimi, sostanze ad attività antibiotica, ormonale e vasculoprotettrice.

La dose consigliata in gravidanza è di un cucchiaio di granuli al giorno, da assumere ben masticati oppure sciolti in qualche tisana tiepida, in ogni caso, lontano dai pasti.

La pappa reale è costituita dalla secrezione delle ghiandole faringee delle giovani api operaie. Si presenta come una gelatina semifluida, di colore biancastro tendente al giallo.

È il nutrimento fondamentale per le larve delle api: quelle che lo ricevono solo fino al quinto giorno resteranno api operaie, le altre diventeranno api regine.

Poiché gli effetti di questa gelatina sulle api sono straordinari (le operaie vivono 45 giorni, le regine anche 4-5 anni; lo sviluppo da larva a insetto maturo richiede per l'operaia 22 giorni e solamente 16 per la regina, con un incremento di peso in pochi giorni di ben duemila volte) si è cercato da tempo di studiare la composizione della pappa reale.

Si sono trovati minerali, vitamine, enzimi, proteine, zuccheri, grassi... La presenza di ognuno di questi elementi non riesce tuttavia a spiegare gli effetti straordinari di questa sostanza. È probabilmente dal loro potenziamento reciproco, e dall'interazione con altre componenti ancora sconosciute, che derivano le proprietà di questa gelatina.

In gravidanza se ne possono consigliare un paio di cicli di due mesi ciascuno. La dose consiste in una goccia di pappa reale da depositarsi sotto la lingua, al mattino a digiuno, per favorirne il migliore e più completo assorbimento.

Purtroppo la pappa reale è un prodotto facilmente sofisticabile e molto deperibile (necessita infatti di una conservazione in frigo-

La dieta usuale dovrebbe garantire, almeno sulla carta, un apporto adeguato di acido folico. Invece, secondo la letteratura scientifica internazionale, in Occidente la carenza di acido folico interessa una donna su tre, mentre in India questa percentuale arriva anche a superare il 50%.

rifero perché le sue caratteristiche non siano alterate) e per questo spesso i requisiti del prodotto in commercio non rispondono in pieno alle attese.
L'acquisto, per questi motivi, **deve essere** quindi **fatto presso negozianti di sicura fiducia oppure, meglio, direttamente dal produttore.**
In caso contrario, è sicuramente preferibile consumare il polline, un prodotto più "rustico" in quanto a esigenze di conservazione e ben più difficilmente sofisticabile.
✓ polline – pappa reale

I germogli: crudi o cotti?

Il processo di germinazione produce nei semi importanti modificazioni. Migliora la qualità delle proteine aumentando la presenza degli aminoacidi essenziali. Incrementa la quantità delle vitamine A, C, E e tutte quelle del gruppo B. Rende più disponibili all'assorbimento molti minerali come il fosforo, il ferro, il magnesio e il calcio.
Naturalmente tutte queste caratteristiche sono completamente mantenute nei **germogli crudi**, mentre la loro cottura rende più problematica la conservazione di tutti i pregiati elementi già citati.
Il miglior modo, allora, per utilizzare i germogli è quello di mescolarli a una fresca insalata mista. Una quantità di due cucchiai al giorno è più che sufficiente. In alternativa, possono essere tritati finemente e aggiunti a una minestra tiepida.
✓ germogli

È utile portare in ospedale qualche cibo "tonificante"?

Un ospedale, per quanto l'intelligenza e la lungimiranza di molti operatori abbiano cercato di introdurre in questo ambiente elementi di "domesticità", rimane pur sempre un ospedale. È cioè il luogo meno adatto per partorire.
Un ospedale, beninteso, dovrebbe poter essere raggiungibile in pochi minuti in caso di necessità, ma l'assistenza al parto normale dovrebbe poter avvenire serenamente fra le mura domestiche, tra gli odori, i colori, i rumori e le persone che la madre e il bambino conoscono. E la cui semplice presenza è, da sola, tranquillizzante.
È bene allora cercare di ricreare, in quei pochi, pochissimi giorni che dovrebbe durare la permanenza lontano da casa, un po' del

clima e dei sapori a cui si è abituati. A questo, e non ad altro, servono le scatole di biscotti, la frutta, perfino l'acqua che molte donne si fanno portare da casa.
Ma considerato che **quasi mai la dieta offerta dall'ospedale tiene conto delle necessità di chi a quella dieta si deve sottoporre**, non è male infilare in un angolo della valigia qualche prodotto che possa essere utile per integrare eventuali carenze o sopperire a squilibri dell'alimentazione ospedaliera. Senza pretendere di trasformare il tavolino a fianco del letto in uno scaffale di erboristeria, vi si potrà appoggiare un flaconcino di **lievito di birra** in compresse, una confezione di **alghe marine**, sempre in compresse, un vasetto di **polline in granuli** (tutti prodotti tonici e rimineralizzanti) e una boccetta di **estratto fluido di galega**. Questo prodotto (20 gocce, tre volte al giorno con una tazza di tisana) ha la proprietà di stimolare la secrezione lattea.
✓ parto – ospedale – lievito di birra – alghe – polline – galega

È utile il lievito di birra?

Le colonie di Saccaromyces Cerevisiae, fatte sviluppare su melassa o malto di cereali e poi disidratate, sono messe in commercio in polvere, in scagliette o in compresse.
Da tempo è noto il valore eccezionale del lievito come alimento **ricco in proteine, in vitamine del complesso B e in ferro**, tanto da essere impiegato, con successo, per la prevenzione e la cura di svariate patologie (vedi la Tabella 7).
Accanto all'utilissima azione ricostituente generale, il lievito è antianemico e disintossicante, favorisce l'attività epatica e migliora la digestione limitando notevolmente le reazioni putrefattive.
Il lievito di birra coadiuva efficacemente la terapia della stitichezza, delle neuriti (infiammazioni del sistema nervoso) e di tutte le malattie della pelle. Ma anche in situazioni fisiologiche, come certamente sono la gravidanza e l'allattamento, il lievito può dare il suo straordinario contributo nel fornire quegli elementi che, al di là dell'apporto calorico, sono altrettanto e forse più necessari per **sostenere l'organismo** in questi difficili frangenti.
La dose giornaliera è opportuno non superi i 2-4 cucchiaini (o le 6-8 compresse, per chi le preferisce). Il lievito può essere assunto con l'aiuto di un po' d'acqua o, più vantaggiosamente, aggiungendolo a qualsiasi cibo che si sposi bene con il suo sapore ca-

ratteristico e piacevole, dalla pastasciutta al risotto, dal minestrone al brodo vegetale, dalle insalate crude alle verdure cotte.
Data la delicatezza delle sue componenti vitaminiche ed enzimatiche, è opportuno che il lievito (per mantenere la sue proprietà) non venga aggiunto agli alimenti durante la cottura o comunque su cibi troppo caldi.

✓ lievito di birra – allattamento – integratori alimentari

Di quanto aumenta il fabbisogno di calcio?

Le necessità di calcio durante la gravidanza sono notevolmente aumentate rispetto al periodo precedente. Si passa infatti da un fabbisogno di circa 600 mg a uno di circa 1200 mg, da assorbire giornalmente con la dieta.
Il calcio serve principalmente per la costruzione dello scheletro del feto e proprio per questo è qui in massima parte localizzato. Tuttavia, una piccola percentuale, circa l'1%, è indispensabile per la contrazione muscolare, per il meccanismo della coagulazione e per l'equilibrio del sistema nervoso.
Di solito la dieta non è affatto povera di calcio. È piuttosto

Il lievito di birra è un alimento ricco in proteine, vitamine del complesso B e in ferro: la dose giornaliera è comunque opportuno non superi i 2-4 cucchiaini (oppure le 6-8 compresse, per chi le preferisce).

Tabella 7 • La ricchezza del lievito

Composizione media del lievito di birra (per 100 g)

Acqua	g	22
Proteine	g	39
Grassi	g	1
Zuccheri	g	38
Calcio	mg	210
Ferro	mg	17
Sodio	mg	121
Potassio	mg	
1700		
Vitamina B1	mg	15
Vitamina B2	mg	4
Vitamina PP	mg	38
Vitamina D	mg	1

la difficoltà nell'assorbimento che ne rende possibile un'eventuale carenza.
Influiscono negativamente sull'assorbimento un'insufficiente produzione di bile (occorre stimolare l'attività epatica), una carenza di vitamina D (è necessario fare attività fisica all'aria aperta), l'acido fitico (ricordarsi di mangiare pane integrale lievitato

Fra gli alimenti che contengono una buona quantità di calcio sono il latte e i derivati, il tofu (un "formaggio" di soia), le alghe di mare: il calcio serve principalmente per la costruzione dello scheletro del feto.

Tabella 8 • Ricchi e poveri in calcio

Contenuto in calcio di alcuni alimenti (mg/100 g)	
parmigiano	1340
stracchino	567
tofu	510
mozzarella di bufala	403
ricotta di mucca	274
mandorle	236
prezzemolo	220
fichi secchi	186
cicoria	150
nocciole	150
tuorlo d'uovo	147
noci	131
radicchio verde	115
cavolo cappuccio	60
pollo	15
vitello	14
coniglio	13
prosciutto cotto	10

naturalmente), un rapporto calcio/fosforo non equilibrato (la carne contiene troppo fosforo).

Favoriscono invece l'assorbimento e l'utilizzazione del calcio un lieve grado di acidità intestinale (ottenibile con un'alimentazione prevalentemente vegetariana), una buona riserva alcalina sanguigna (che si mantiene e si incrementa soprattutto mangiando frutta acidula) e la presenza di silicio.

A proposito di quest'ultimo, ricercatori francesi hanno messo in luce la possibilità che, attraverso delle reazioni definite "trasmutazioni a debole energia", l'organismo sia in grado di trasformare il silicio in calcio.

Questo confermerebbe anche **l'indicazione, del tutto empirica, ma consolidata da secoli di efficaci prescrizioni fitoterapiche, dell'utilità dell'equiseto** – una pianta molto ricca di silicio – per consolidare le fratture, per combattere l'osteoporosi e per rafforzare i denti.

Gli alimenti che contengono una buona quantità di calcio (vedi Tabella 8) sono il latte e i derivati, il tofu (un "formaggio" di soia), le alghe di mare, i cavoli, il prezzemolo, i fichi secchi e i semi oleosi (noci, nocciole, ma soprattutto mandorle, con le quali si consiglia di integrare giornalmente la dieta).

✓ calcio – vitamina D – attività fisica – frutta acidula – latte – latticini – tofu – alghe – prezzemolo – semi oleosi – mandorla

MEGLIO PREVENIRE

In molti casi la gravidanza è accompagnata da disturbi che possono essere più o meno preoccupanti. Di solito, fortunatamente, i vari sintomi non annunciano nessuna grave patologia, ma sono più spesso legati a comportamenti e ad abitudini che possono facilmente essere modificati con immediati vantaggi sul benessere della futura mamma. Certo, anche in questi casi poter evitare in anticipo il manifestarsi del problema è la cosa più vantaggiosa e pratica. E proprio per questo, nelle pagine seguenti, un po' di spazio sarà dedicato anche alla **prevenzione**.

Si possono prevenire emorroidi e vene varicose?

Questi due fenomeni patologici, pur essendo largamente rappresentati in tutta la popolazione adulta, sono sicuramente tipici del periodo della gravidanza, in parte per la particolare presenza di ormoni e in parte per motivi di ordine meccanico. Vediamoli più da vicino.

Il peculiare assetto ormonale della donna in gravidanza fa sì che, nel suo organismo, aumenti la presenza di liquidi nei tessuti e la quantità di sangue circolante, sangue che naturalmente è contenuto nel sistema delle arterie e delle vene. Ma mentre le arterie hanno una parete resistente ed elastica, quella delle vene è decisamente più dilatabile e, sottoposta a una determinata pressione, si sfianca abbastanza facilmente. D'altro canto, bisogna considerare

che il ritorno del sangue dalle gambe verso il cuore, che avviene attraverso il sistema venoso, è reso difficile sia dalla forza di gravità, sia da eventuali aumenti di pressione all'interno dell'addome. Ecco allora che la **stitichezza**, con il suo seguito di gonfiori, e l'utero che gradatamente si ingrossa, occupando spazio nella cavità addominale, possono costituire un serio ostacolo al passaggio del sangue venoso che quindi ristagna e dilata i vasi che lo contengono, le emorroidi e le vene delle gambe soprattutto.
Che cosa fare dunque? Innanzitutto affrontare e migliorare l'eventuale stitichezza. Alimenti ricchi di fibre, come cereali integrali, legumi, frutta e verdura fresca, costituiscono una buona base di partenza. Naturalmente **vanno ridotte le proteine animali** contenute nella carne, nel pesce, nelle uova e nei latticini, che sono assolutamente prive di fibre. Non va trascurato **un sufficiente apporto idrico**, consistente nell'aggiunta di almeno due bicchieri d'acqua (o di tisana gradita), al risveglio e prima di coricarsi, all'acqua già abbondantemente contenuta nell'alimentazione, se questa comprende in quantità sufficiente frutta e verdure. Possono essere risolutivi un paio di cucchiai di semi di psillio assunti con l'aiuto di due bei bicchieroni d'acqua. La mucillagine contenuta nei preziosi semi ammorbidisce le feci e le fa eliminare con maggior facilità. L'attività fisica, soprattutto il **camminare**, favorisce nello stesso tempo un corretto funzionamento dell'intestino e un più facile ritorno del sangue venoso. Le vene delle gambe, infatti, corrono all'interno dei muscoli che, contraendosi, spingono verso l'alto il sangue. Particolari valvole all'interno delle vene impediscono nel contempo che, a rilasciamento muscolare avvenuto, il sangue ritorni ancora verso il basso.

✓ emorroidi – vene varicose   stitichezza – attività fisica – fibre vegetali   psillio

In molti casi la gravidanza è accompagnata da disturbi che possono essere più o meno preoccupanti. Di solito, fortunatamente, i vari sintomi non annunciano nessuna grave patologia, ma sono più spesso legati a comportamenti e ad abitudini che possono facilmente essere modificati con immediati vantaggi sul benessere della futura mamma.

I lassativi aggravano la stitichezza?

Una difficile e non regolare eliminazione delle feci dall'intestino è un problema che spesso caratterizza la gravidanza. A volte la stitichezza insorge inaspettatamente, il più delle volte invece si aggrava una situazione preesistente.
I motivi sono diversi: dalla aumentata presenza dell'ormone progesterone, che favorisce il rilassamento della muscolatura uterina (e di conseguenza anche di quella intestinale), alla diminuzione dell'attività fisica, dalla carenza nella dieta di alimenti ricchi di fi-

Il tentativo di "risolvere" di petto il problema della stitichezza assumendo dei lassativi è sempre sconsigliabile. E ancor di più in gravidanza. Sotto l'effetto irritante dei farmaci l'utero potrebbe pericolosamente contrarsi "per simpatia" con gli spasmi liberatori intestinali.

bre (magari rifiutati perché fonte di nausea o di vomito) alla mancata introduzione di una adeguata quantità di acqua.
Il tentativo di "risolvere" di petto il problema assumendo dei lassativi è sempre sconsigliabile. E ancor di più in gravidanza. Sotto l'effetto irritante dei farmaci, infatti, l'utero potrebbe pericolosamente contrarsi "per simpatia" con gli spasmi liberatori intestinali. Un'evenienza sicuramente indesiderabile. Senza considerare che mai nessun lassativo ha risolto una stitichezza in modo definitivo, creando piuttosto un circolo vizioso fatto di assuefazione fisica e psichica molto difficile da spezzare. Vale perciò la pena di armarsi di pazienza e modificare pian piano le proprie abitudini nel senso di seguito proposto con queste schematiche indicazioni.

* Introdurre nella propria alimentazione i **cereali integrali**, il riso in particolare.

* Mangiare regolarmente, come antipasto, una abbondante quantità di **verdure crude**.

* **Ridurre, o eliminare, le proteine animali** (carne, pesce, uova e formaggi) sostituendole con le corrispondenti vegetali (legumi, derivati della soia, noci, mandorle...).

* Almeno una volta al giorno, lontano dai pasti, consumare un'abbondante razione di **frutta fresca**, preferibilmente mele.

* Bere, naturalmente lontano dai pasti, almeno **due litri al giorno d'acqua minerale naturale** o di una tisana gradita (non ottenuta, però, con erbe lassative!).

* Assumere, con uno o due bei bicchieroni d'acqua, un cucchiaio di **semi di psillio**. Ricchi di mucillagini, ammorbidiscono le feci, le rendono più voluminose ed esercitano una delicata azione disinfiammante sulle pareti del povero intestino irritato.

* **Camminare** di buon passo per almeno mezz'ora al giorno.

✓ stitichezza – lassativo – psillio – acqua – mucillagini – proteine animali – proteine vegetali

Quanto si deve aumentare di peso?

È una preoccupazione di molte donne che temono, una volta partorito e terminato il tempo dell'allattamento, di non riuscire a recuperare il peso forma. Se è vero che questa paura rispecchia una sensibilità molto diffusa, bisogna anche dire che non per questo il periodo della gravidanza deve essere caratterizzato da inutili e pericolosi tentativi "dimagranti", anche perché **non è del tutto infrequente che nel primo trimestre la donna perda qualche chilo.** Nei mesi successivi una crescita media può aggirarsi attorno ai 500 g alla settimana, con

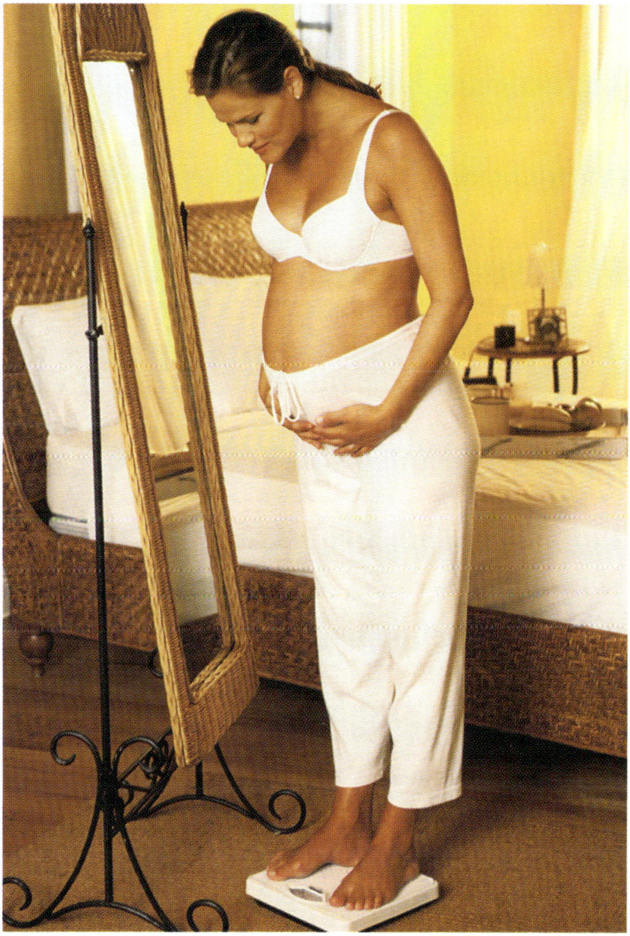

Dopo il primo trimestre, la crescita media può aggirarsi attorno ai 500 grammi alla settimana, con oscillazioni relativamente ampie in funzione della costituzione, dell'attività fisica e del peso iniziale.

relativamente ampie oscillazioni attorno a questo valore, in funzione della costituzione, dell'attività fisica e del peso iniziale. Occorre anche ricordare che una certa riserva di grasso corporeo è indispensabile per sostenere l'organismo femminile durante il periodo dell'allattamento, abbastanza faticoso e dispendioso non solo dal punto di vista psicologico, ma anche su un piano fisico. **Una giusta e non ossessiva attenzione alla bilancia va quindi associata a una dieta opportuna e, soprattutto, a una attività fisica regolare e giornaliera.**

✓ dieta – dimagrimento – peso forma – allattamento – attività fisica

Lo zucchero bianco può favorire l'insorgere del diabete?

Lo zucchero (o saccarosio) è composto di due zuccheri semplici, glucosio e fruttosio. Il saccarosio è estratto dalla barbabietola o dalla canna da zucchero, raffinato con procedimenti complessi in modo da allontanarne tutte le "impurità" (costituite, come al solito, da sostanze preziosissime: vitamine, minerali, proteine, altri zuccheri...) e ottenere così il bianco prodotto che tutti conosciamo (Tabella 9). A questo punto lo zucchero è diventato solo un apportatore di "calorie nude", senza cioè quegli elementi che possono favorire la sua utilizzazione da parte dell'organismo (vitamine del gruppo B, enzimi...).
Del tutto sconosciuto fino al 1700, il consumo dello zucchero si è mantenuto su quantitativi estremamente limitati (3-4 kg a testa all'anno) fino ai primi decenni del 1900. Dal secondo dopoguerra, per vari motivi, è iniziato un incremento esponenziale tanto che oggi ogni italiano consuma in un anno circa 30 kg di questo "non-alimento". Chili che, ovviamente, non vanno affatto a finire tutti nelle tazzine del caffè, ma si ritrovano più spesso nascosti come ingrediente in cibi molto comuni: i prodotti da forno e le bevande gasate, i succhi di frutta e le marmellate, i dentifrici e le conserve, i farmaci e, naturalmente, i dolci di ogni genere.
Consumare quotidianamente zucchero raffinato sottopone il pancreas (ghiandola che produce l'insulina, ormone indispensabile perché l'organismo riesca a utilizzare gli zuccheri) a notevoli e ripetuti sforzi. A lungo andare il pancreas "esaurisce" le sue risorse funzionali e può diventare insufficiente rispetto alle esigenze organiche. Ecco comparire allora il diabete mellito, caratterizzato da una quantità eccessiva di glucosio nel sangue.

Tabella 9 • La lavorazione industriale dello zucchero

CANNA DA ZUCCHERO

SPREMITURA

SUCCO ZUCCHERINO

BARBABIETOLA

AFFETTATURA

DIFFUSIONE
(estrazione con l'acqua calda)

SUCCO ZUCCHERINO

DEPURAZIONE CON CALCE
(vengono allontanate sostanze organiche, proteiche e coloranti)

CARBONATAZIONE
(con anidride carbonica si elimina la calce in eccesso)

Solfitazione
(con zolfo per decolorare lo sciroppo)

FILTRAZIONE

ZUCCHERO GREGGIO

CONCENTRAZIONE
E CRISTALLIZZAZIONE

FILTRAZIONE E DECOLORAZIONE
(con carbone animale)

COLORAZIONE
(con blu oltremare per eliminare i riflessi giallognoli)

CRISTALLIZZAZIONE

ZUCCHERO BIANCO RAFFINATO

Rispetto a questa patologia, la gravidanza è un periodo a rischio. Beninteso per le donne che, in sovrappeso o con una familiarità diabetica, già vi siano predisposte.
Ecco allora, per le interessate, **un quasi decalogo comportamentale assai utile per la prevenzione del diabete:**

* consumare i cereali in forma integrale;
* dolcificare poco ed eventualmente con miele;
* mangiare la frutta lontano dai pasti;
* associare sempre abbondanti verdure fresche sia ai carboidrati che alle proteine;
* camminare ogni giorno almeno per un'ora;
* non consumare dolci industriali;
* aggiungere poco sale ai cibi;
* consumare legumi almeno 3 volte alla settimana;
* consumare ogni giorno un cucchiaio di semi oleosi (noci, mandorle, nocciole).

✓ zucchero – diabete – insulina – cereali integrali – miele – semi oleosi – legumi

Si possono prevenire le smagliature?

La prevenzione è l'unico modo corretto di affrontare questo problema. La rottura delle fibre elastiche all'interno del derma, evento che costituisce la lesione anatomica all'origine delle smagliature, è infatti irreversibile e irreparabile.
Le smagliature si formano di preferenza in due momenti precisi della vita: durante la gravidanza e in corso di rapide variazioni di peso. In ambedue le condizioni la pelle è fortemente sollecitata. È molto importante, durante la gestazione, garantire un buon nutrimento della pelle anche con una adeguata attività fisica. Il movimento giornaliero impedisce l'eccessivo aumento di

peso, migliora la respirazione, favorisce una regolare defecazione, rende possibile un aumento della microcircolazione cutanea. Tutti questi fattori interagiscono in sinergia nel rendere la cute più elastica e più distensibile.
L'alimentazione, naturalmente, gioca un ruolo fondamentale nel mantenere un buon peso forma, nel favorire una buona funzionalità intestinale, e nell'apportare le necessarie quantità di molecole antiossidanti (vitamina A, E, C e selenio). È opportuna, di conseguenza, una riduzione del consumo di grassi e proteine animali (carni, formaggi, uova, salumi...), favorendo la scelta di proteine vegetali (legumi, noci, mandorle, nocciole...) e di cereali integrali. Un'abbondante presenza nell'alimentazione quotidiana di verdura molto fresca e cruda, assieme al regolare consumo di frutta fresca di stagione, garantirà l'apporto vitaminico e minerale.
Le bevande alcoliche, i dolci confezionati, gli alimenti inquinati da additivi e da residui di coltivazione o di allevamento, quelli conservati in scatola, gli insaccati in generale, rendono da una parte più difficile il controllo del peso e dall'altra più gravoso il compito detossicante del fegato e dei reni.
L'aumento dell'acidità nei tessuti cutanei, il rallentamento della circolazione capillare e linfatica, l'aumento dei radicali liberi (particolari strutture chimiche molto reattive, in grado di interagire con le cellule danneggiandole) possono essere indicate come concause dello "strappo" nel tessuto elastico.
È noto a tutti che quanto maggiore è la rigidità di un sistema, tanto più alto è il rischio di rottura del sistema stesso.
L'eccesso di sale, reso possibile dal consumo massiccio di alimenti manipolati dall'industria (grissini, gallette, salse pronte, scatolame al cui interno il sale è presente come conservante e come esaltatore degli aromi), favorisce indubbiamente una progressiva rigidità dell'organismo, se non altro perché è aumentata, in questo modo, la ritenzione idrica nei tessuti.
È necessario quindi rieducare il gusto ad apprezzare ancora il sapore del cibo "al naturale", ma anche sostituire, tutte le volte che è possibile, i prodotti offerti dall'industria con i loro corrispondenti "casalinghi": pane integrale al posto dei grissini, fagioli freschi o secchi al posto dei fagioli in scatola, maionese fatta in casa al posto di quella in tubetto...

✓ smagliature – attività fisica – stitichezza – proteine animali – proteine vegetali – sale – ritenzione idrica

Le bevande alcoliche, i dolci confezionati, gli alimenti inquinati da additivi e da residui di coltivazione o di allevamento, quelli conservati in scatola, gli insaccati in generale, rendono da una parte più difficile il controllo del peso e dall'altra più gravoso il compito detossicante del fegato e dei reni.

Tutte le donne incinte soffrono di nausea e vomito?

Certamente non tutte e **questo fenomeno resta di difficile interpretazione.** Si possono tuttavia fare alcune riflessioni e avanzare delle ipotesi a partire da due fatti.
Il primo è che di solito questi disturbi caratterizzano il primo trimestre di gravidanza e si attenuano rapidamente fino a scomparire nei mesi successivi.
Il secondo fatto è il seguente: le nausee compaiono quasi sempre dopo aver avuto la certezza della gravidanza e non prima. Sembra quindi che, al di là del repentino aumento della produzione ormonale che certamente un qualche ruolo lo dovrà pur giocare, siamo in presenza di un fenomeno in cui la componente di adattamento psichico alla nuova situazione (l'inserimento di una terza persona in un rapporto di coppia, la consapevolezza che tutto non sarà più come prima, il timore della propria inadeguatezza, le paure per il parto...) è, con tutta probabilità, importante.
Ci giunge poi dagli Stati Uniti un'ipotesi avanzata da una biochimica dell'università di Berkeley.
Secondo Margie Profet, la nausea in gravidanza sarebbe una protezione che la natura offre al feto nei primi delicati mesi del suo sviluppo.
Alcuni alimenti, infatti, conterrebbero tossine che il feto avverte come potenzialmente nocive e la modifica della dieta indotta proprio dalle nausee eviterebbe l'ingestione di sostanze pericolose soprattutto nelle prime otto settimane di gestazione, le più delicate per lo sviluppo dell'embrione. La nausea dunque potrebbe essere considerata un vero e proprio campanello d'allarme dell'organismo.
Tutte queste informazioni forse non serviranno a ridurre la fastidiosità del fenomeno, ma potranno almeno essere utilizzate dalle donne incinte per sopportarlo meglio.

✓ nausea – vomito

Come mai è così frequente l'acidità di stomaco?

I motivi possono essere più d'uno. Innanzitutto ci può essere sotto sotto una certa difficoltà, tutta psicologica, nel "digerire" la nuova situazione venutasi a creare.
E non è affatto detto che questo discorso vada bene solo alle donne che si sono ritrovate incinte loro malgrado.
Un certo qual adattamento, anche piuttosto laborioso alla nuo-

va realtà, è un processo comprensibilissimo e che deve necessariamente precedere la fase dell'assunzione del nuovo ruolo di madre. E se tutto questo travaglio psicologico è anche accompagnato da qualche difficoltà digestiva, mi pare che non ci sia nulla di strano.

Diversa è la situazione negli ultimi mesi di gestazione, quando i bruciori di stomaco possono avere ben altre e più concrete giustificazioni. Mano a mano che l'utero cresce, tende naturalmente a occupare uno spazio sempre maggiore all'interno dell'addome, comprimendo lo stomaco contro il diaframma.

L'aumento di pressione al di sotto di questo importante muscolo rende più difficile la perfetta tenuta del cardias, una vera e propria valvola muscolare che impedisce al contenuto acido dello stomaco di inondare l'esofago.

Quando questo accade, ed essendo l'esofago non "attrezzato" per il contatto con sostanze fortemente acide, la sensazione di bruciore dietro lo sterno è inevitabile.

Cosa fare in questi casi? Negli ultimi mesi di gravidanza è opportuno consumare pasti modesti, ma frequenti, rispettando per quanto possibile le combinazioni alimentari corrette.

È anche importante masticare in modo accurato e non bere eccessivamente durante il pasto.

Può anche essere molto utile l'avvertenza di non stendersi a letto o su un divano subito dopo aver mangiato, ma passeggiare lentamente, sorseggiando una tisana di liquirizia e finocchio.

✓ acidità di stomaco – combinazioni alimentari – passeggiata – liquirizia – finocchio

Negli ultimi mesi di gravidanza è opportuno consumare pasti modesti, ma frequenti, rispettando per quanto possibile le combinazioni alimentari corrette.

Come si affronta l'anemia?

Portare a termine la gravidanza e condurre un allattamento richiedono all'organismo della madre una quantità di ferro maggiore di quello che solitamente è necessario in condizioni di normalità fisiologica.

Per costituire le riserve del neonato, per sostituire il ferro perso con il sangue e la placenta durante il parto e per garantirne una certa presenza nel latte, **la madre deve badare, già durante la gravidanza, che nella sua alimentazione non manchi questo prezioso e indispensabile minerale.**

Dato che il ferro è coinvolto nel nostro organismo in molte attività metaboliche (dal trasporto dell'energia alla respirazione

La raffinazione dei cereali, l'aumentata presenza sulla tavola di alimenti conservati, l'eccesso di proteine animali, la scarsa assunzione di ortaggi freschi e crudi sono tutti motivi della mancanza di ferro nell'organismo: esistono tuttavia molti alimenti in grado di apportare ferro in quantità sufficiente alle necessità della gravidanza.

cellulare, dal trasferimento dell'ossigeno dai polmoni ai tessuti fino alla contrazione muscolare) è del tutto comprensibile come una carenza di questo metallo si manifesti con una pluralità di problemi.

La ben nota anemia (che però può anche avere tutt'altra causa), una facile affaticabilità, una ridotta resistenza alle infezioni, una gastrite, la caduta dei capelli, il mal di testa, delle palpitazioni cardiache possono rendere evidente un'insufficiente riserva di ferro nell'organismo.

Gli aumentati fabbisogni della gravidanza molto spesso non fanno altro che accentuare carenze già in atto.

La mancanza di ferro nell'organismo è oggi molto diffusa, in particolare nelle donne che durante il periodo fertile ne perdono una certa quantità ogni mese con il sangue mestruale, soprattutto per le carenze dell'alimentazione attuale.

La raffinazione dei cereali, l'aumentata presenza sulla tavola di alimenti conservati, l'eccesso di proteine animali, la carente assunzione di ortaggi freschi e crudi sono tutte motivazioni più che valide per giustificare questo fenomeno, non sempre peraltro del tutto evidente.

Esistono molti alimenti in grado di apportare ferro in quantità sufficiente alle necessità della gravidanza: il radicchio e tutte le verdure a foglia verde, il germe di grano, i cereali integrali (avena e segale in particolare), i legumi, il prezzemolo (in piccola quantità non è certamente un abortivo!), l'uovo, il lievito di birra, le mandorle, i semi di girasole, i funghi secchi... (vedi la Tabella 10).

Non bisogna dimenticare che il ferro è assorbito facilmente dall'intestino quando è associato alla vitamina C, largamente presente, com'è noto, nei prodotti vegetali freschi.

Sono allora necessarie le sistematiche integrazioni farmacologiche con preparati a base di ferro che spesso le donne incinte si vedono consigliare dai medici?

Se in alcuni casi di grave anemia può essere giustificato il ricorso a farmaci, che, d'altra parte non sono privi di effetti collaterali abbastanza fastidiosi: stitichezza o diarrea, nausea e bruciori di stomaco, in moltissime altre situazioni è più che sufficiente porre una maggior attenzione alle proprie abitudini alimentari.

Del tutto in controtendenza rispetto alle convinzioni dei medici attuali, il dottor Lorenzo Braibanti, vero pioniere dell'umanizza-

Tabella 10 • Ricchi e poveri in ferro

Contenuto in ferro di alcuni alimenti (mg/100 g)

funghi secchi	28,90	mandorle	4,60
crusca	12,90	prezzemolo	4,20
germe di grano	10,40	pasta integrale	4,00
pesto alla genovese	9,00	cavallo	3,20
radicchio verde	7,80	spinaci	2,90
soia	6,90	petto di tacchino	2,50
fagioli secchi	6,70	vitello	2,30
tuorlo d'uovo	6,10	bovino magro	2,30
ceci secchi	6,10	prosciutto crudo	2,20
zucchero di canna	6,00	coscia di pollo	2,00
fiocchi d'avena	5,20	prosciutto cotto	2,00
lievito di birra	4,90	petto di pollo	1,60

zione del parto in Italia, sosteneva che l'anemia in gravidanza è un fenomeno fisiologico e che la presenza di un sangue più "diluito" e per questo meno coagulabile costituisce un vantaggio se si ragiona sul fatto che le trombosi delle vene pelviche sono una delle complicazioni più frequenti e più temibili del parto. Braibanti metteva anche l'accento sul fatto che massicce e soprattutto ripetute terapie farmacologiche con ferro (il suo lavoro si è svolto in un periodo in cui le donne avevano spesso 4-8 gravidanze nella loro vita) possono predisporre verso gravi malattie come, per esempio, la cirrosi epatica.
Da prendere con cautela, infine, sono alcune notizie che ci giungono dagli Stati Uniti e dalla Finlandia, ma che, se confermate, dovrebbero rendere ancora più prudenti nell'utilizzare le integrazioni a base di ferro.
I fatti sono questi.
Alcuni ricercatori americani sospettano che il ferro sia più pericoloso per il cuore dello stesso colesterolo.
Non esiste ancora un'evidenza assoluta, ma alcuni dati fanno pensare che l'ipotesi non sia del tutto campata in aria.

Le donne sono poco colpite dall'infarto, almeno fino a quando raggiungono l'età della menopausa.
Esiste allora un qualche legame tra la scomparsa delle mestruazioni e l'aumento del rischio di infarto?
Poiché dopo la menopausa i livelli di colesterolo nel sangue femminile non subiscono grosse variazioni, mentre quelli del ferro aumentano notevolmente, non sarà che le mestruazioni, riducendo il ferro organico, proteggono dall'infarto?
Una conferma indiretta di queste osservazioni e di queste ipotesi viene dalla Finlandia.
Una ricerca che ha interessato un gruppo di 2000 maschi adulti ha dimostrato che un semplice aumento dell'1% del ferro circolante porta a un incremento del 4% del rischio di infarto.

✓ anemia – ferro – avena – segale – trombosi – vitamina C

Quali alimenti e quali erbe possono aiutare a risolvere una infezione urinaria?

Come mai durante la gravidanza le infezioni delle vie urinarie sono relativamente più frequenti? **Essenzialmente per quattro ragioni.**
Il passaggio di batteri attraverso l'uretra, molto corta nelle donne, è favorita dalla maggior contaminazione microbica della zona vulvare e vaginale dovuta alla presenza nel sangue di particolari ormoni.
Durante la gravidanza, le urine diventano meno acide e si arricchiscono di sostanze (come i nitriti e, a volte, il glucosio) che favoriscono la proliferazione batterica.
Vi è indubbiamente anche una ragione di ordine meccanico: la compressione esercitata dall'utero favorisce un costante ristagno vescicale di urina, situazione quanto mai propizia allo sviluppo di batteri.
Infine, visto che il batterio più frequentemente in causa è l'Escherichia coli di provenienza intestinale, non si può non ricordare che la stitichezza può rendere possibile una alterazione della flora batterica del colon; è quindi facile, per questo microrganismo, sfuggire al controllo esercitato dagli altri ceppi batterici e moltiplicarsi sia nell'intestino che negli organi più prossimi (vescica, vagina).
In questa situazione, l'utilizzo dei comuni chemioterapici e antimicrobici non è esente da rischi, per motivi che già abbiamo esaminato in altra parte di questo manuale.

Ecco allora venirci in aiuto sia la **fitoterapia**, sia la **trofoterapia** (una parolona complicata che significa semplicemente che anche i diversi alimenti possono avere un ruolo terapeutico).
Uva ursina, mirtillo rosso, gramigna, mais, equiseto, erica sono piante che, in decotto bevuto abbondantemente (almeno un litro al giorno), esercitano un'azione diuretica e disinfettante.
Per quanto riguarda l'alimentazione, occorre innanzittutto evitare per qualche giorno gli alimenti "riscaldanti".
Carne, pesce, uova, spezie piccanti, latte e formaggi stagionati, dolci con creme è opportuno che siano accantonati per dare la preferenza a frutta e verdure fresche e crude, a minestre vegetali (senza legumi e patate), a poca ricotta e a qualche mandorla.
Fragole, ciliegie, meloni, angurie, uva, mele tra la frutta, finocchi, carote, rape, cetrioli, cavoli cappucci tra gli ortaggi sono certamente gli alimenti da preferire.
Tra i cereali, il migliore è sicuramente l'orzo (sia in chicchi che in fiocchi) che si presta magnificamente per rinfrescanti minestre e ricchi "orzotti" terapeutici.
L'orzo perlato, inoltre, può essere utilizzato per ottenere una gradevole bevanda curativa estremamente efficace. Basterà seguire queste semplici istruzioni:
un cucchiaio da minestra colmo di chicchi va fatto bollire in un litro d'acqua per almeno 20 minuti; dopo una adeguata infusione, si può filtrare e iniziare a berne i primi bicchieri.
Il suo effetto è diuretico e prontamente antidolorifico. Se ne possono assumere anche più litri al giorno, se la situazione lo richiede.
Ovviamente tutte queste indicazioni, valide in senso terapeutico, lo sono anche, con qualche adattamento, per chi volesse operare un'efficace prevenzione.

✓ cistite – farmaci – orzo

Alcuni ricercatori americani sospettano che il ferro sia più pericoloso per il cuore dello stesso colesterolo.
Non esiste ancora un'evidenza assoluta, ma alcuni dati fanno pensare che l'ipotesi non sia del tutto campata in aria.

DI TUTTO UN PO'

Ecco una vera e propria miscellanea di interrogativi che, per vari motivi, non hanno trovato posto nei capitoli precedenti. La mancanza di un unico filo conduttore non deve far pensare che le questioni qui trattate siano di secondaria importanza. Esse completano anzi questa carrellata, forse ancora imperfetta e incompleta, ma che ha probabilmente diradato più di qualche ombra nella mente della donna incinta.

È necessario mangiare per due?

Distribuendo nell'arco di tutta la gravidanza la maggior quantità di energia necessaria alla donna per portarla a termine in modo soddisfacente, ne risulta la necessità di aumentare l'introito giornaliero di circa 280 calorie.
Questa quantità media andrebbe più correttamente ridotta a 150 calorie al giorno nel primo trimestre e aumentata a 350 calorie al giorno nel secondo e nel terzo.
Questi sono, come si può facilmente notare, quantitativi limitatissimi e facilmente raggiungibili operando **modeste integrazioni della dieta**, per esempio con una fetta di pane oppure con un paio di mele o, ancora, con una tazza di yogurt.
In realtà, nei paesi occidentali industrializzati come l'Italia, spesso l'alimentazione giornaliera è già di per sé abbondante e causa, anche per questo, di malattie gravi come il diabete, l'ipercolesterolemia, l'aterosclerosi, l'infarto cardiaco, l'emorragia cerebrale.

Non si sta qui affermando, evidentemente, che le donne incinte debbano sottoporsi a una rigida dieta dimagrante.
È tuttavia fondamentale capire che **porre il problema dell'alimentazione in gravidanza solamente in termini di quantità è certamente fuorviante.**
Si dovrà piuttosto pensare a incrementare la qualità di ogni pasto, anche attraverso la ricerca di alimenti biologici, integrali e ricchi di elementi vitali.
✓ obesità – calorie – vitalità

Che cos'è la vitalità di un alimento?

Più che tante parole, un semplice esperimento può far toccare con mano la differenza fra cibo "vivo" e cibo "morto".
Si prenda un cucchiaino di riso integrale crudo, lo si sotterri leggermente in un vaso. In un'altro vaso si faccia la stessa operazione con un cucchiaino di riso brillato.
Annaffiando delicatamente e con regolarità, dopo qualche giorno spunteranno, dal vaso seminato con riso integrale, i primi germogli. Invano si aspetterà che lo stesso fenomeno si verifichi anche nel vaso accanto.
Il riso integrale può a ragione definirsi cibo "vivo", in grado di mantenere e di sviluppare la vita in chi lo mangia.
Quello raffinato (ma quanto è falso questo aggettivo usato in questo contesto!) apporta certamente calorie ed energia, ma non riesce ad accrescere in pari misura lo stato di salute dell'organismo.
Le profonde manipolazioni operate dall'industria alimentare, con l'impoverimento e la sottrazione di preziosi principi nutrizionali (vitamine, minerali, aminoacidi, oligoelementi...) toglie agli alimenti "raffinati" quella caratteristica "vitalità" che è propria dei cibi consumati così come la natura li propone.
Seguendo questo criterio, è possibile in questo modo distinguere fra cibi adatti all'alimentazione della donna gravida, il cui organismo è la rappresentazione massima della vitalità della specie umana, e cibi che non lo sono per niente.
Ecco allora preferire i cereali in chicco piuttosto che in farina, il miele più che lo zucchero, le verdure crude più delle cotte, la frutta fresca al posto della sciroppata, il rosmarino e la salvia più del dado per brodo...
✓ riso integrale – vitalità – miele – zucchero – dadi per brodo

I cibi cotti sono più digeribili di quelli crudi?

Il problema si pone essenzialmente per la frutta e la verdura. I cereali infatti ben difficilmente vengono mangiati potendo prescindere dalla cottura. Anche chi propone di consumarli crudi, in qualche modo tenta di "ammorbidirli" con prolungati periodi di ammollo in liquidi vari o esponendoli al calore del fuoco solare che ne altera comunque le proprietà.
La cottura altera in una certa misura la composizione dei vegetali, eliminando o quantomeno riducendo in modo cospicuo molte vitamine, parecchi minerali e praticamente tutti gli enzimi. Anche l'importantissima flora batterica, naturalmente, viene inattivata.
A questo punto, se può essere azzardato parlare di alimento indigesto, certamente si può affermare che **un frutto o un ortaggio cotto sono meno efficaci di uno crudo all'interno di una dieta terapeutica.**
A ogni modo, più che per la frutta, è soprattutto nei confronti degli ortaggi che vi sono a volte forti resistenze, per lo più psicologiche, a consumarli crudi. Le obiezioni riguardano soprattutto quelli che tradizionalmente, o semplicemente per abitudine, sono mangiati cotti.
Invece, provare per credere, se adeguatamente masticati anche spinaci, porri, peperoni, cavolfiori, sedano rapa, carciofi, verze, cavoli cappucci, zucchini, rape rosse affettati finemente e mangiati crudi sono perfettamente digeribili.
Quando si preferisce cuocere, è opportuno scegliere metodi che risparmino il più possibile la composizione e l'integrità dell'alimento.
La **cottura a vapore**, per esempio, se la poca acqua impiegata viene in qualche modo recuperata (bevendola o impiegandola per risotti o minestre), permette una minima dispersione della componente minerale. In ogni caso, i tempi di esposizione al calore non dovranno essere eccessivi, ma appena sufficienti per ammorbidire le verdure.
Ne trarranno vantaggio il gusto e anche l'attività terapeutica.
✓ cottura – frutta – verdura – digeribilità – enzimi

Camminare a lungo è pericoloso?

Una attività fisica non necessariamente intensa, ma giornaliera (il camminare sembra quella più fisiologica e compatibile anche con le modificazioni che via via la gravidanza rende evidenti nell'organismo) non è affatto pericolosa.

Anzi, è addirittura indispensabile che la donna incinta dedichi almeno un'ora al giorno a passeggiare all'aria aperta, in luoghi, possibilmente, dove l'aria sia pulita e fresca.
Bisogna considerare, innanzitutto, che il primo alimento per la madre e per il feto è l'aria. È possibile, infatti, restare senza mangiare cibo solido anche per parecchi giorni senza che l'organismo ne soffra in modo particolare.
La mancanza di aria però è avvertita dal nostro corpo come insopportabile e mortale già dopo una manciata di secondi.
In secondo luogo, camminare è indispensabile per favorire la risalita del sangue venoso dalle gambe verso il cuore. Ci si oppone, in questo modo, al ristagno circolatorio che è fonte e origine di molti disturbi, dalla pesantezza e gonfiore delle caviglie alle spiacevoli varici, dalle temibili flebiti alle pericolose trombosi.
Infine, muovere le gambe è assolutamente indispensabile per "sbloccare" un intestino stitico.
Un certo rallentamento della funzionalità intestinale è comune in gravidanza. Non è pensabile, tuttavia, affrontare efficacemente e risolvere questo problema facendo affidamento semplicemente su delle pillole o delle pozioni lassative.
A parte il fatto che il loro impiego risulta pericoloso in questo periodo (possono infatti scatenare "per simpatia" contrazioni uterine indesiderate) i purganti mantengono inalterata l'irritazione intestinale e creano una dipendenza dalla quale è molto difficile liberarsi.

✓ attività fisica – camminare – varici – trombosi – stitichezza – lassativo – flebite

La mela, mangiata dopo pranzo, aiuta la digestione?

È esperienza di molti che assumere la frutta subito dopo il pasto significa spesso andare incontro a una nutrita serie di disturbi.
Gonfiore dello stomaco, acidità e bruciori, eruttazioni, allungamento dei tempi digestivi, feci poco formate, sonnolenza sono solo alcuni dei molti problemi attribuiti in genere a uno o all'altro degli alimenti appena mangiati. Ci si dimentica però troppo spesso di considerare che l'assunzione della frutta può essere fonte di questi disturbi.
Ma come può accadere che uno tra gli alimenti più assimilabili possa creare tanto scompiglio? È abbastanza facile da capire, se si

vuole tener conto anche del modo con cui gli alimenti, una volta mangiati, vengono digeriti.
La frutta, proprio per la sua facile digeribilità, se è ben masticata rimane poco tempo nello stomaco e viene metabolizzata rapidamente senza difficoltà. Se invece lo stomaco è già pieno, la frutta si trova costretta a seguire il destino digestivo degli altri alimenti, solitamente ben più lungo e complesso.
Questa differenza nei tempi di digestione si traduce in una prolungata sosta della frutta, ricca di zuccheri facilmente fermentabili, in un ambiente caldo e umido come quello dello stomaco. Il risultato non può che essere quello già descritto sopra, con l'aggiunta che in questo modo le qualità e i nutrienti della frutta, e in parte anche degli altri alimenti, vengono trasformati in sostanze tossiche e non utilizzabili dall'organismo.
Il fenomeno descritto si verifica più facilmente quando la frutta consumata è molto sugosa e dolce.
Si pensi al senso di pesantezza e di imbarazzo gastrico determinato da angurie, meloni, pesche, pere, uva, cachi quando sono mangiati alla fine del pasto.
Occorre dire, tuttavia, che la mela, per la sua composizione particolarmente equilibrata, se assunta in piccola quantità non interferisce in modo così pesante con la digestione e può quindi essere mangiata alla fine del pasto.
Quando però, come durante la gravidanza, i disturbi digestivi si fanno particolarmente sentire credo valga la pena di osservare la prescrizione più rigida: **mangiare ogni specie di frutta da sola, lontano dai pasti.**

✓ fermentazioni intestinali – combinazioni alimentari – mela

È importante rispettare le corrette combinazioni alimentari?

Spesso, anche durante la gravidanza, lo stimolo più potente a ricercare un miglioramento delle proprie abitudini alimentari viene proprio dai disturbi che il modo usuale di alimentarsi porta con sé.
Di frequente, però, anche variando l'alimentazione i soliti disturbi non scompaiono affatto e permangono, magari un po' attenuati, a rovinare pranzi e cene.
In questi casi, evidentemente, non si è tenuto nel debito conto che gli alimenti devono anche essere digeriti e assimilati e che questo processo non è sempre uguale, ma varia in funzione della

composizione del cibo stesso. Non tutti gli alimenti, quindi, sono digeriti negli stessi tempi e con le stesse modalità.
Nella bocca, nello stomaco e nell'intestino sono presenti sostanze particolari, gli **enzimi**, che regolano le reazioni chimiche digestive e che rendono in pratica possibile questo fenomeno tutt'altro che semplice. Questi enzimi sono molti, e sono molti appunto perché sono specifici, cioè riescono ad agire ciascuno solamente su un particolare legame chimico. In pratica esistono le amilasi che agiscono sugli amidi, le proteasi che digeriscono le proteine, le lipasi che rompono le catene dei grassi, e così via.
È inoltre importante anche il grado di acidità del luogo dove si svolge la reazione.
Alcuni enzimi lavorano meglio in ambiente acido (la pepsina gastrica), altri in ambiente alcalino (la ptialina salivare).
Una buona combinazione degli alimenti durante un pasto non facilita solo il superamento delle problematiche legate alla cattiva digestione, ma **garantisce** anche **una migliore assimilazione dei diversi nutrienti presenti nel cibo.**
Combinare bene i cibi in modo che possano essere digeriti al meglio è quindi il primo passo per evitare eventuali carenze, naturalmente possibili, in un regime di massima abbondanza alimentare come è il nostro, solamente nei confronti dei costituenti meno rappresentati negli alimenti, vitamine e minerali innanzitutto.
Diceva un saggio che il nutrimento non è tanto quello che noi mangiamo, ma quello che riusciamo a digerire e ad assimilare...
Ecco di seguito le più importanti avvertenze riguardo alle associazioni alimentari, utili per evitare le maggiori incongruenze nella composizione dei pasti:

- non associare cibi proteici con cibi amidacei;
- non associare proteine diverse;
- non associare cibi acidi con proteine o carboidrati;
- non associare frutta o dolci con proteine o carboidrati;
- non associare grassi animali e cotti con proteine.

(Vedi la Tabella 11, nella pagina successiva)
✓ combinazioni alimentari – disturbi digestivi

Una buona combinazione degli alimenti durante un pasto non facilita solo il superamento delle problematiche legate alla cattiva digestione, ma garantisce anche una migliore assimilazione dei diversi nutrienti presenti nel cibo.

Tabella 11 • Associazioni giuste e sbagliate

Alimenti	Associazione ottimale	Associazione tollerabile	Associazione da escludere
Carni, pesce, uova	Tutti gli ortaggi, tranne alcuni amidacee	Piccole quantità di patate	Tra di loro e con la frutta
Latte		Con il pane	Tutti gli alimenti e la frutta in genere
Formaggio	Verdure e ortaggi	Con il pane e la zucca	Tutte le proteine e la frutta
Yogurt		Frutta acida	Altri alimenti proteici
Legumi	Verdure e ortaggi non amidacei	Con i cereali	La frutta e altri alimenti proteici
Cereali	Verdure e ortaggi	Frutta dolce e altri alimenti proteici	Frutta, pane
Frutta acida	Altra futta acida non oleosa	In alcune preparazioni gastronomiche carni e pesce con lo yogurt	Tutta l'altra frutta e altri alimenti
Frutta semiacida	Altra frutta semiacida		Tutta l'altra frutta e altri alimenti
Frutta dolce	Altra frutta dolce	In alcune preparazioni (torte) con i cereali	Tutta l'altra frutta e altri alimenti
Frutta oleosa	Frutta acida, verdure ortaggi		Altri tipi di frutta e alimenti proteici
Ortaggi e verdure	Tra loro eccetto i legumi con proteine, grassi e glicidi		Frutta non oleosa
Patate	Ortaggi e verdure eccetto i legumi	Uova-carne	Frutta, cereali, latte e formaggi
Pomodori	Verdure, ortaggi e alimenti proteici eccetto latte e formaggio	Carboidrati	Latte, formaggi, frutta semiacida e dolce

È pericoloso saltare qualche pasto?

Se è vero che la gravidanza è un periodo nel quale la donna ha una maggior disponibilità ad acquisire nuove e migliori abitudini alimentari, è anche vero che **operare cambiamenti improvvisi e radicali in questo periodo non è consigliabile.**
Mutamenti piccoli e progressivi meglio si addicono alle esigenze dell'organismo, che già si deve adattare durante la gestazione a modificazioni di forma e di funzioni di grande portata.
Diete dimagranti autogestite o esagerate restrizioni alimentari, nel maldestro tentativo di non favorire un supposto eccessivo incremento del peso, possono essere estremamente pericolose e dare luogo a risultati drammatici.
Detto questo, bisogna osservare che **anche in gravidanza vale il vecchio detto "Il miglior condimento è l'appetito"**, e che quindi se per qualche motivo, un malessere non meglio definito o un pasto precedente non ancora perfettamente digerito, non si desidera pranzare non casca il mondo. Anzi, posticipare di qualche ora l'assunzione del cibo, saltando il pranzo o la cena, non potrà che far bene all'organismo della futura madre. Il pasto successivo sarà apprezzato e digerito sicuramente meglio.
✓ digiuno – appetito – dieta dimagrante

Si può, con l'alimentazione, determinare il sesso del figlio?

È il sogno di tanti genitori quello di poter scegliere preventivamente il sesso del proprio figlio. Un sogno che sembra poter diventare realtà visti gli sviluppi della fecondazione assistita e la manipolazione del patrimonio genetico oggi possibile.
Ma questi percorsi, un po' tortuosi e discutibili anche dal punto di vista etico, possono riservare, se affrontati in modo spregiudicato, gravi rischi sociali.
Perché, una volta determinato il sesso, sarà possibile anche decidere il colore dei capelli o degli occhi e poi ancora il peso alla nascita, l'intelligenza e chissà cos'altro rischiando, in questo modo, di selezionare (ma questo vale solo per chi potrà permetterselo economicamente) dei veri e propri superuomini, lasciando i poveracci a sbrigarsela con figli brutti e deficienti.
Ma abbandoniamo questi foschi orizzonti e torniamo al nostro interrogativo. Si può determinare il sesso di un figlio con l'alimentazione? Ebbene sì, pare proprio che con una dieta adatta sia possibile determinare il sesso del proprio futuro figlio. E c'è anche chi afferma che, se accuratamente seguita, la dieta-miracolo

è in grado di garantire una percentuale di successo clamorosamente elevata: l'80%!
In breve i fatti sono questi. Si ha notizia di studi e di esperimenti su questo argomento fatti qualche anno fa nei Paesi dell'Est europeo ancora sotto il regime comunista. Tuttavia documentazioni certe non sono conosciute. Presso le università di Parigi e di Montréal si sono sperimentate diete speciali, basate essenzialmente su un grande contenuto di sodio e di potassio per poter avere un maschio e sul notevole apporto di cloro e magnesio per avere una femmina. La dieta deve essere seguita dalla donna per almeno due mesi prima del concepimento.
In pratica, gli alimenti "maschili" sono sale, carne, patate, funghi, prezzemolo, legumi secchi, pane e pasta, frutta fresca. Assolutamente proibiti, invece, le uova, il latte e i latticini di ogni genere.
La dieta "femminile" prevede latte e latticini a volontà purché senza sale, pesce, uova, carne di bue, di vitello e di pollo, carote, cavoli, pomodori, lattuga, pane e biscotti, naturalmente senza sale, mandorle, noci, nocciole. Da evitare con cura cibi conservati di ogni genere, carciofi, sedano, castagne, fichi secchi.
Chi vuol provare... si faccia seguire dal proprio medico perché le due diete sono sbilanciate, troppo sodio nell'una, troppo potassio nell'altra, e potrebbero creare dei problemi ai reni.
Auguri!

✓ determinazione del sesso

È consigliabile fare una dieta dimagrante subito dopo il parto?

Il primo periodo dopo il parto è certamente uno dei più impegnativi che la donna deve affrontare nel corso della sua vita. Il legame strettissimo e di drammatica dipendenza tra la madre e il figlio, che per vivere ha assoluto bisogno della vicinanza fisica della madre per la maggior parte della giornata, se da una parte è indubbiamente gratificante per la donna, dall'altra "succhia" una quantità incredibile di energia.
A questo si aggiungono poi le incombenze pratiche (pulire, lavare, cucinare...), che magari per qualche giorno sono sbrigate da qualche parente o amica, ma che poi ricadono spesso sulla madre.
Almeno una volta si rispettava la "quarantena"!
In questo periodo di 40 giorni alla neo mamma era assolutamente proibito bagnarsi le mani. Il che si traduceva immediatamente nel fatto che le erano vietati tutti i lavori casalinghi e che neces-

sariamente dovevano girare per la casa amiche e parenti, con l'ovvia possibilità, in aggiunta all'aiuto materiale, di fare quattro chiacchiere "tonificanti".
Un bel vantaggio, per la donna.
Oggi questa tradizione, evidentemente mal compresa, è stata abbandonata e il risultato è che spesso la donna che ha appena partorito si ritrova a passare tutta sola la giornata aspettando una telefonata dalla madre che abita dall'altra parte della città o il ritorno del marito, la sera, stanco del lavoro.
Tutto questo per dire che **il periodo immediatamente successivo al parto non è il momento più adatto per intraprendere una dieta dimagrante.** Che, comunque, per riuscire nel suo scopo ha almeno bisogno di una certa tranquillità fisica e psichica.
Al contrario, specialmente se la donna allatta, sarà necessario un regime alimentare ricco di **cibi facilmente digeribili e nutrienti**, con una ampia scelta di frutta e verdure fresche e crude, cereali integrali, formaggi freschi, qualche noce e mandorla, yogurt.
A far ritornare in perfetta forma, poi, basteranno il tempo e, naturalmente, **una passeggiata giornaliera** (o una buona nuotata, magari fatta in compagnia di altre giovani mamme).
✓ dieta dimagrante – attività fisica – puerperio

Escludere ogni prodotto animale, formaggi e uova compresi, comporta rischi?

Certamente un'alimentazione basata esclusivamente su prodotti vegetali può, se condotta con una certa faciloneria, essere fonte in gravidanza di carenze e di problemi.
Nello stesso tempo tuttavia, se la donna vegana (dall'inglese *vegan*) è informata e disponibile a variare spesso la sua alimentazione, questo può essere un modo di alimentarsi che garantisce un buon sviluppo del feto, un parto soddisfacente e un allattamento esente da difficoltà.
È ovvio che eliminare le uova, il latte, i latticini, la carne, il pesce e, per alcuni, anche il miele non può tradursi nel combinare assieme verdure cotte e pasta bianca, frutta sciroppata e caffè.
In questo modo il disastro nutrizionale è scientificamente costruito e, durante la gravidanza, ciò può essere molto pericoloso.
Una buona dieta vegana non può prescindere dalla presenza di frutta e verdure fresche e crude, da piatti di cereali integrali di

coltivazione biologica integrati con legumi, dall'uso oculato dei semi oleosi (fonte preziosa di proteine), da qualche piatto di alghe (ricche di minerali), dall'introduzione frequente di tofu e tempeh (derivati della soia molto ricchi di proteine complete e facilmente digeribili), dall'integrazione giornaliera con lievito di birra, germe di grano e germogli freschi.

Così organizzata, una dieta vegana è perfettamente in grado di garantire una normale gestazione.

✓ dieta vegana – legumi – alghe – germe di grano – germogli

Bisogna soddisfare le "voglie"?

Non tutte le donne sono assalite, durante la gravidanza, dallo sfizio di assaggiare un alimento particolare.

Tuttavia il fenomeno delle "voglie" è effettivamente presente nell'esperienza di molte e vale la pena di rifletterci sopra un po'.

Questi desideri, probabilmente, hanno la funzione di segnalare che l'organismo ha bisogno di qualche elemento che nell'alimentazione usuale non è presente o la cui necessità è improvvisamente aumentata a motivo della gravidanza.

Altre volte non è possibile nascondere che le motivazioni sono, come dire, più sottili, meno palpabili, ma altrettanto valide. Esprimere desideri strani e difficili da soddisfare può essere semplicemente un modo per saggiare fino a dove arriva l'amore del compagno e per essere circondate da un clima di affettuosa disponibilità. In ogni caso, mi sembrano tutte motivazioni rispettabili e sensate e quindi le voglie, a mio avviso, andrebbero nei limiti del possibile soddisfatte.

Certo che, se da esigenza sporadica e occasionale, si trasformano in un "tormentone" che rende complicata ogni giornata, occorrerà riflettere da una parte sull'alimentazione nel suo complesso (non sarà magari poco adatta al periodo particolare?) e dall'altra, forse, sul rapporto interno alla coppia.

Per quanto riguarda le voglie di alimenti "proibiti" (cioccolato, patatine fritte, dolci alla crema...), bisogna ricordarsi che **spesso, nel mondo del naturale esistono validissime alternative.**

Si pensi alle creme di nocciole e carruba al posto del cioccolato da spalmare, ai dolci di semolino con uvetta e miele al posto dei buoni ma pesanti bignè...

✓ voglie – patatine fritte – carruba

Cambiare rapidamente le abitudini alimentari comporta svantaggi?

A questo proposito si sentono fare affermazioni, a mio avviso, eccessivamente prudenti e vale la pena di **sdrammatizzare** alcune paure che non hanno motivazione alcuna.
Se si può convenire sul fatto che durante la gravidanza sono inopportune brusche variazioni dell'apporto alimentare (non si inizia una dieta dimagrante in gravidanza, non si fanno digiuni terapeutici in questo periodo) non si comprende quale potrebbe essere il danno derivante dal miglioramento immediato di consuetudini la cui dannosità è stata largamente dimostrata e magari sperimentata direttamente dalla donna.
Quali svantaggi possono derivare al buon andamento della gravidanza se si riduce rapidamente, anche eliminandola, la carne che fino a quel momento, magari, veniva mangiata in eccesso?
Oppure se si decide di gustare finalmente nei due pasti principali, con regolarità, una buona porzione di quelle verdure fresche e crude che erano considerate fino ad allora un alimento opzionale?
O se si rinuncia bruscamente al latte... e a tutti i disturbi che fino a quel momento ne avevano invariabilmente accompagnato il consumo?
Certo, soprattutto durante la gestazione, e anche durante l'allattamento, **le scelte alimentari andrebbero almeno una volta verificate con qualche esperto**, specialmente se si ha la sensazione che non siano del tutto adeguate alle proprie esigenze o si abbia desiderio di modificarle in meglio.
Ma **non si deve aver paura** di fare qualche passo nella direzione giusta: i benefici non potranno che essere sicuri.

✓ dieta dimagrante – digiuno

È meglio sbucciare la frutta?

È certamente lodevole preoccuparsi, durante la gravidanza, di ridurre il contatto con sostanze tossiche e nocive.
Di queste è, ormai, colmo l'ambiente e una difesa sul piano personale (indispensabile, ma da integrare con richieste collettive e politiche) non può non passare anche attraverso scelte ed esclusioni alimentari. Togliere la buccia alla frutta mi sembra sinceramente la meno utile e produttiva.
Consideriamo un momento il tipo di anticrittogamici oggi più impiegati nell'agricoltura. Essi sono definiti di tipo "sistemico" proprio perché, attraverso le foglie su cui sono spruzzati, entrano nel sistema biologico della pianta e, per mezzo della linfa, so-

no trasportati fin nella più piccola cellula della pianta e, naturalmente, del frutto.

A cosa serve allora **togliere la buccia? A ben poco** evidentemente. Uno sforzo, più produttivo, andrebbe fatto nel ricercare nella propria città un punto vendita fornito di **prodotti biologici e biodinamici.**

Una scelta di questo tipo non solo permette di acquistare un alimento sano dalla buccia fino ai semi, ma produce anche effetti positivi che si moltiplicano sul piano sociale ed economico.

✓ alimenti biologici – anticrittogamici

Quali sono i farmaci pericolosi per la gravidanza?

È perfettamente inutile compilare una lista di farmaci "permessi" e un'altra di farmaci "proibiti" alla gestante.

C'è una prima regola generale da rispettare: per quanto riguarda l'assunzione dei farmaci, di qualsiasi farmaco, durante la gravidanza è necessaria la **massima prudenza**, anche perché ci sono obiettive difficoltà nel valutare l'effettivo potere tossico delle molecole chimiche per l'embrione e, d'altra parte, i farmacologi non sono in grado di precisare con certezza il metabolismo di un farmaco nell'organismo della gestante e del feto. Tutti ricordiamo ancora il dramma del talidomide, un antinausea prescritto largamente e la cui assunzione poi si rivelò essere causa di molti nati focomelici. Eppure, questo stesso farmaco non aveva dato origine a problemi di sorta durante la sperimentazione animale!

Ma, si obietterà, una semplice aspirina, farmaco antico e quanto mai sperimentato in tutto il mondo, sicuramente non provocherà problemi di alcun genere.

Ebbene, a conferma della regola prima enunciata, nel 1965 l'aspirina fu accusata di impedire l'inizio del travaglio, di prolungare la gravidanza e di essere, per questo, responsabile della morte fetale. Certo, ci si riferiva a dosi giornaliere molto elevate, tuttavia...

L'evoluzione della sensibilità del feto agli effetti malformativi dei farmaci può essere divisa in tre fasi.

La prima, che va dal momento della fecondazione fino alla fine della seconda settimana.

Durante questo tempo, ogni aggressione contro l'embrione determina una risposta del tipo "tutto o niente". Quindi o l'embrione muore o, attraverso i meccanismi di regolazione, si riparano i danni e lo sviluppo procede normalmente.

La seconda fase termina alla metà del terzo mese. È questo il periodo più delicato, durante il quale sono possibili le malformazioni più gravi.
La tipologia e la gravità del danno non sono, tuttavia, automatiche. Moltissimo dipende anche dalla sensibilità individuale, a sua volta determinata dal tipo di vita che una donna conduce, dall'uso di altri prodotti tossici (alcol, fumo, droghe), dall'ambiente che può essere più o meno inquinato...
Dopo il terzo mese, le malformazioni più gravi sono molto rare e i farmaci cominciano progressivamente ad agire sul feto con effetti simili a quelli che si possono osservare sul neonato.
Davanti all'estrema incertezza che regna in questo campo, ed essendo nella necessità di utilizzare durante la gestazione dei farmaci, bisognerebbe chiedersi, e chiedere al medico, se quell'intervento farmacologico è davvero indispensabile, se non esistono alternative terapeutiche (e noi sappiamo che l'alimentazione naturale può svolgere un ruolo preventivo e curativo troppe volte trascurato e che la fitoterapia e l'omeopatia ben utilizzate possono essere di grande aiuto) e se il farmaco eventualmente proposto è stato scelto tra i più sperimentati e, per questo, più "sicuri".
Nessuno può assolutamente affermare che un farmaco non è teratogeno (cioè non provoca malformazioni fetali) fino a che esso non è stato utilizzato almeno per venti anni con un controllo accurato dei suoi effetti o, almeno, con un consenso generalizzato sulla sua innocuità.
Tuttavia, visti i metodi usati dalle case farmaceutiche per ottenere vantaggi per i propri prodotti (e ne abbiamo avuto conferma dalle recenti vicende giudiziarie che hanno coinvolto i vertici politici e scientifici della sanità italiana), **una sana e prudente diffidenza non potrà che essere opportuna.**

✓ farmaci – malformazioni – fitoterapia – omeopatia

Parte seconda

PROPOSTE DI ALIMENTAZIONE

SCHEMA GENERALE PER L'ALIMENTAZIONE IN GRAVIDANZA

Come dovrebbe essere risultato evidente leggendo con attenzione la prima parte di questo lavoro, non esiste uno schema dietetico obbligato per la donna in gravidanza.
I suoi pasti devono piuttosto tener conto, oltre che delle particolari necessità legate al periodo, delle indicazioni di massima che le autorità sanitarie mondiali hanno dato ormai da anni a coloro che vivono nei paesi industrializzati del mondo. E che sinteticamente sono riassunte nello schema riportato in queste pagine.
Fatte salve queste esigenze, e quelle dettate dalle conoscenze che noi abbiamo sulle buone combinazioni alimentari, si potrebbe prospettare uno schema generale che poi ognuna "riempirà" con gli alimenti che le sue convinzioni, i suoi gusti, le sue scelte in fatto di salute e di etica le suggeriranno.

Al risveglio
Bere a piccoli sorsi il succo di un limone diluito con acqua, anche tiepida, o con il succo di un pompelmo oppure di due arance.

Prima colazione
Dopo circa 45 minuti, sedersi a tavola scegliendo una delle seguenti opportunità:

* latte intero, miele, uvetta, fiocchi di avena, di orzo e di frumento;

* caffè di orzo o infusi di carcadè, di rosa canina, di tiglio, di camomilla, di timo..., accompagnati da pane integrale tostato e poco miele;
* una bevanda come sopra, pane integrale tostato e mandorle (o noci o pinoli);
* frutta fresca di stagione (ottima quella acidula: fragole, ciliegie, prugne, uva...);
* yogurt naturale, eventualmente addizionato al momento del consumo con frutta fresca.

A metà mattino
Frutta fresca di stagione.

Pranzo
Antipasto di verdure crude miste di stagione, condite con olio extra vergine d'oliva e poco sale marino integrale (sostituibile, quest'ultimo, con gomasio, semi di sesamo tostati e macinati con sale, oppure con tamari, una saporita salsa tradizionale di soia, ricca di principi nutritivi; un piatto confezionato con cereali integrali (pasta, riso, orzo, miglio, segala, grano saraceno...); verdure cotte a vapore e pane integrale (se necessari o graditi).

A metà pomeriggio
Una o due mele oppure frutta di stagione o yogurt (se non è già stato mangiato al mattino).

Cena
Verdure crude miste (eventualmente anche verdure cotte a vapore) condite come a pranzo; pane integrale (poco); uno dei seguenti alimenti proteici (da alternare opportunamente):

* legumi;
* pesce, non fritto;
* tofu;
* noci (10-12);
* mandorle (15-20);
* formaggi freschi;
* uova, cotte senza grassi;
* carne di pollo (se non si ritiene di poterne fare a meno).

Questo schema è **sufficientemente flessibile** per poterlo adattare con facilità alle proprie abitudini e alle proprie convinzioni alimentari. Nelle pagine seguenti, infatti, sono proposti degli esempi di menù giornalieri per concretizzare tre diversi orientamenti: l'alimentazione mediterranea, l'alimentazione vegetariana, l'alimentazione vegana. Ognuno dei quali può essere validamente e tranquillamente adottato in gravidanza, a patto che alcuni comuni elementi di fondo siano rispettati: è necessario infatti consumare alimenti freschi e non conservati; dare preferenza a proteine vegetali; cereali integrali e non raffinati con frutta e verdura fresche e crude, sempre nel rispetto delle combinazioni alimentari.

Tabella 11 • Linee guida per una alimentazione corretta

Alcune linee guida utili sia in senso preventivo che terapeutico

Riduzione drastica delle proteine animali (come la carne, le uova, i formaggi) che saranno presenti in un solo pasto durante la giornata e alternate con alimenti di origine vegetale di buon contenuto proteico come i legumi (fagioli, lenticchie, ceci, piselli, fave) e la frutta oleosa (mandorle, noci, nocciole...)

Riduzione drastica dei grassi animali a favore dell'olio extra vergine d'oliva, da usare crudo.

Introduzione dei cereali completi (riso integrale, fiocchi di avena, semolini, pasta scura...) per sostituire l'uso dei cereali raffinati, cioè privati del germe e della crusca, ma anche impoveriti nel contenuto proteico e minerale.

Eliminazione il più possibile accurata di tutti i cibi contenenti additivi, conservanti, coloranti (sostanze cui è nota la tossicità acuta, ma i cui danni sono soprattutto di tipo cronico) e conseguente ricerca di alimenti prodotti con metodi biologici e lavorati con sistemi naturali.

Consumo quotidiano e abbondante di verdure crude di stagione, preferibilmente come antipasto, a pranzo e a cena.

Utilizzo del sale marino integrale al posto del sale raffinato e contemporaneo abbandono della pessima abitudine di coprire il gusto del cibo con una eccessiva salatura, per riscoprire il sapore "al naturale" degli alimenti.

Rispetto delle combinazioni alimentari nella composizione dei pasti.

MENÙ MEDITERRANEI

La dieta denominata "mediterranea" è stata messa a punto dai dietologi statunitensi che così l'hanno chiamata per la sua grande somiglianza con le abitudini alimentari che sono proprie, da sempre, delle popolazioni rivierasche del Mediterraneo.
Naturalmente, come tutto quello che viene da oltreoceano, è diventata rapidamente di moda e non c'è dietologo, medico di base, casalinga che oggi non sappia cos'è questa famosa dieta.
E quindi, dopo aver ricordato che le sue qualità preventive e terapeutiche sono evidenti soprattutto nei confronti delle malattie cardiovascolari e dei tumori, non resta che accennare, a grandi linee, ai criteri che la informano.
In questa dieta è dato largo spazio ai cereali integrali e ai legumi spesso associati sotto forma di piatti tradizionali, alla frutta e alle verdure fresche e crude, all'olio extra vergine d'oliva usato al posto del burro e sempre crudo. Modeste quantità di pesce, latticini e carni bianche completano uno schema alimentare che dovrebbe già essere proprio della maggior parte delle persone appena un po' informate.

Primo menù

Prima colazione

Infuso di carcadè, miele.
Pane integrale a fette appena tostato, pasta di olive.

Non è detto che la prima colazione debba essere composta da alimenti dolci. Anzi, se la utilizziamo come pasto che può compensare eventuali eccessi o carenze dell'alimentazione giornaliera, può essere molto varia e comprendere anche alimenti salati.

*

Spuntino di metà mattina

Frutta fresca di stagione.

Questo momento è sufficientemente lontano dal pasto precedente e anche dal successivo da permettere una rapida e completa assimilazione della frutta. Se, al contrario, lo stomaco sta ancora "lavorando", è molto probabile che l'assunzione della frutta, specialmente se molto sugosa e dolce, sia seguita da fastidiosi fenomeni fermentativi che interferiscono con il normale processo digestivo.

*

Pranzo

Insalata di cavolo rosso.
Cus-cus con carote e olive.

Il **cavolo**, per la sua ricchezza in minerali e in vitamine e per la sua capacità di favorire la sintesi di nuove proteine, è senz'altro uno degli ortaggi maggiormente indicati per tutto il periodo della gravidanza. Lo sarà un po' meno nel periodo dell'allattamento, quando il suo discreto contenuto di zolfo potrà impartire al latte materno un sapore non gradito ad alcuni lattanti.
Affettato finemente e condito con un'emulsione di olio, aceto di mele, sale e uno spicchio di aglio schiacciato, costituirà uno stimolante e benefico antipasto.
Il **cus-cus**, semola di grano duro lavorata al vapore fino alla formazione di piccoli granelli, può essere reperito in commercio già precotto e poi disidratato. Il suo impiego risulta quindi estremamente semplice e rapido e può servire per alternare ai soliti spaghetti un piatto, sempre a base di grano duro, sicuramente altrettanto gradevole e di facile preparazione.

Tostare leggermente in una pentola il cus-cus necessario, assieme a un cucchiaino d'olio. Aggiungere una quantità doppia d'acqua bollente salata (ed eventualmente aromatizzata con salvia e rosmarino), coprire e attendere un buon quarto d'ora per lasciare al cereale il tempo di gonfiarsi. Nel frattempo, affettare le carote e metterle in una teglia con poco olio, uno o due spicchi di aglio schiacciati e un po' di sale. Stufarle per 10-12 minuti, aggiungere un pugno di olive nere, preventivamente dissalate in acqua corrente e snocciolate, e completare la cottura. Disporre il cus-cus, dopo averlo condito con un filo d'olio e sgranato con una forchetta, in un piatto da portata e disporre al centro il sugo di carote.

✶

A metà pomeriggio

Budino di caffè d'orzo.

Insolita, ma gustosa e salutare variante dell'usuale e, a volte, un po' stucchevole budino industriale.

Servono, per quattro persone, mezzo litro di caffè d'orzo, la buccia grattugiata di mezzo limone, un po' di vaniglia in polvere, circa tre cucchiai di amido di mais, uno o due cucchiai di miele, pinoli a piacere. Frullare l'uvetta con un po' di caffè e sciogliere l'amido nel rimanente liquido. Unire i due composti, aggiungere la vaniglia e la buccia di limone e far raggiungere molto lentamente il bollore, mantenendolo poi per cinque minuti. Non bisogna dimenticarsi di mescolare continuamente. Lasciar intiepidire e aggiungere il miele.
Versare in coppette individuali, e guarnire a piacere con i pinoli.
Da gustare freddo.

✶

Cena

Insalata di spinaci e funghi crudi.
Zucca al forno.
Paté di lenticchie.
Crostini di pane integrale.

Gli **spinaci** sono certamente un ortaggio sopravvalutato. Identificati come alimento rinforzante per eccellenza, a motivo del loro contenuto di ferro, tuttavia non tutto facilmente assorbibile, so-

no propinati, sempre rigorosamente cotti, a tutti coloro che "si devono tirare su", donne incinte comprese.
La loro ricchezza in ossalati, sali che possono appesantire notevolmente la funzionalità renale e dare origine a calcoli, ne farebbe invece consigliare un consumo più oculato e modesto. Quale è appunto possibile se vengono mangiati crudi.
Bisogna dire la verità, i **funghi** non sono un alimento dal grande valore nutrizionale. Tuttavia il loro aroma non è affatto disprezzabile e molti ne sono sicuramente ammaliati.

Lavare accuratamente gli spinaci e asciugarli molto delicatamente. Tagliarli a striscioline e unirli ai funghi, a loro volta già lavati, asciugati e affettati sottilmente. Condire con olio e gomasio e due gocce di succo di limone.

La **zucca**, piacevole anche da guardare per il suo caldo colore giallo-aranciato che rallegra le meste tonalità invernali, è un ortaggio sedativo, rinfrescante, diuretico e, da ricordare in gravidanza, blandamente lassativo.
Di solito abbinata al riso nel classicissimo "riso e zucca", può anche essere consumata come profumato e corroborante contorno.

Tagliare a fette la zucca, ma senza sbucciarla. Oliare una pirofila, disporvi le fette di zucca e aromatizzare con rosmarino, aglio e sale. Completare con un filo d'olio e infornare per almeno 20 minuti a fuoco medio.

Le **lenticchie**, ricche di nutrienti, tra cui proteine, diventano un ottimo patè.

Dopo aver adeguatamente ammollato le lenticchie, almeno per 10 ore in acqua che va poi buttata, lessarle con verdure e aromi (carota, sedano, cipolla, timo, rosmarino) per un'ora abbondante. Verso la fine della cottura aggiungere un po' di sale.
Passare lenticchie e verdure al passaverdure e aggiungere aglio tritato, prezzemolo e olio. Lasciar riposare qualche ora per permettere ai sapori di amalgamarsi meglio. Servire con crostini caldi di pane integrale.

Secondo menù

Prima colazione
Infuso di tiglio, miele.
Torta integrale alle mele.

C'è chi pensa, tra coloro che abbracciano stili alimentari più "naturali", che i dolci siano da abolire in blocco, avendoli identificati con il "nemico" contro cui ingaggiare una battaglia dagli esiti, peraltro, spesso incerti. Non c'è niente di male, invece, ad apprezzare nella giusta misura dolci casereccі i cui ingredienti non facciano rizzare i capelli in testa.

Impastare 300 g di farina semiintegrale di frumento, tre cucchiai di olio extra vergine d'oliva, tre cucchiai di miele, la buccia di un limone grattugiata, un po' di sale e quel tanto di acqua fredda che serve per ottenere un impasto morbido.
Lasciarlo riposare per un'ora circa, coperto da un tovagliolo, e poi stenderlo con un matterello fino allo spessore di circa un centimetro.
Adagiarlo in una teglia oliata e cospargerlo con un po' di marmellata di albicocche. Rifinire con una fitta copertura di fette di mela, preventivamente immerse in un po' di succo di limone.
Infornare a 200 °C e lasciare cuocere per 40 minuti.

*

Spuntino di metà mattina
Frutta fresca di stagione.

*

Pranzo
Insalata al cetriolo.
Risotto con ortiche.

Rinfrescante e dissetante, il **cetriolo** è un ottimo avvio del pasto nelle calde giornate estive. Affettato con tutta la buccia e associato a qualche fetta di pomodoro ben maturo, va condito con olio, sale e un pizzico d'origano.
L'**ortica** che tutti conosciamo è quella pianta cui per prima tutti pensano quando si parla di erbe selvatiche commestibili. Le sue qualità sono così numerose e valide e il suo impiego, come medicina e come alimento, così antico che è difficile trovare qualcuno che, in qualche modo, non l'abbia già usata. Tonica e depurativa,

antiulcerosa e antireumatica, l'ortica favorisce l'attività epatica e digestiva in genere. Durante la gravidanza costituisce una fonte di ferro e di altri minerali da non trascurare, a patto di non disperdere con l'acqua di cottura i suoi preziosi minerali. Anche dopo il parto l'ortica si rivela una vera amica: è nota la sua capacità di promuovere una abbondante produzione di latte materno.

Colte solo le cime delle ortiche, con una certa abilità e circospezione è possibile non orticarsi anche operando a mani nude, si lavano e si tritano. In un largo tegame scaldare un po' d'olio con qualche spicchio d'aglio e una cipolla tritata. Aggiungere le ortiche, un pizzico di sale e portare a cottura con l'aiuto di qualche cucchiaio di brodo vegetale. Versare nel tegame del riso integrale già cotto, amalgamarlo con cura alle erbe e aggiungere ancora un filo d'olio crudo.

✶

A metà pomeriggio

Latte di mandorle.

Già abbiamo detto delle **mandorle** in altra parte di questo lavoro. Solo qualche indicazione su come preparare una bevanda, tradizionale nel nostro Sud, oggi purtroppo confusa con improbabili misture servite nei bar.

Mettere a bagno le mandorle per 10 minuti in acqua tiepida. Dopo questa macerazione si sbucciano molto facilmente. *Mettere le mandorle spellate in un frullatore, aggiungere acqua in funzione della densità desiderata e, dopo aver perfettamente amalgamato, filtrare con una tela e strizzare accuratamente il residuo. Si può eventualmente dolcificare questa bianca bevanda con un poco di miele.*

✶

Cena

Insalata di lattuga.
Pollo al sale.
Pane integrale tostato.

La **lattuga** possiede un lattice biancastro dalle proprietà sedative e ipnotiche. Il suo consumo serale sarà quindi utile nei casi di insonnia e di nervosismo. Nel preparare l'insalata, si abbia l'accortezza di non scartare a priori le foglie esterne, più verdi, come si fa di solito anche se non sono avariate. Proprio queste, più saporite, contengono la maggior quantità di sostanze nutrizionali. Il semplice condimento a base di olio e sale può essere rinforzato con qualche anello di cipolla fresca.

Per la cottura proposta è indispensabile che il pollo sia ruspante, cioè alimentato con granaglie e in grado di aggirarsi libero sul terreno. Dopo averlo pulito e lavato, riempire il pollo con erbe aromatiche. In una pentola di terracotta con coperchio fare un primo strato di sale grosso, adagiarvi il pollo e ricoprirlo completamente con altro sale. Far cuocere in forno per almeno tre ore.

* * *

Terzo menù

Prima colazione

Infuso di camomilla, miele.
Pagnottine integrali con uvetta.

Non bisogna credere che la **camomilla** sia una bevanda adatta solo per tranquille vecchiette che la sorbiscono prima di coricarsi. I suoi principi amari ne fanno un tonico gastrico eccellente e qualche tazza può servire per superare quei disturbi di stomaco che spesso caratterizzano la prima parte della gravidanza.

*

Spuntino di metà mattina

Frutta fresca di stagione.

*

Pranzo

Panzanella.

Tradizionale piatto unico delle campagne di mezza Italia, comune soprattutto in Toscana e, con altri tipi di pane, al Sud. Serve del buon pane integrale raffermo, o qualche fresa croccante, da bagnare rapidamente in acqua fresca.

Disporre il pane, sbriciolandolo grossolanamente, in una larga terrina di coccio. Aggiungere cipolla fresca a fette, pomodoro a spicchi,

cetriolo affettato con la buccia. Condire con olio extra vergine d'oliva, sale, basilico, origano e qualche goccia di buon aceto di vino. Prima di assaporare questo piatto invitante, lasciarlo riposare in luogo fresco per una mezz'ora.

*

A metà pomeriggio

Yogurt naturale con frutta fresca.

*

Cena

Insalata di ombrellifere.
Marinata di acciughe.
Crostini di pane integrale, aglio.

Per preparare questa cena occorre organizzarsi con un certo anticipo, non già perché vi sia una qualche difficoltà nel prepararla, ma semplicemente per dar tempo al pesce di "maturare" convenientemente.

Acquistare delle acciughe freschissime e ricavarne dei filetti ben puliti. Adagiarli in un piatto e cospargerli con un abbondante succo di limone. Riporre in frigorifero e rivoltarli dopo sei ore. Aggiungere eventualmente dell'altro succo e lasciar riposare ancora per altre sei ore. A questo punto, scolare le acciughe, porle in bell'ordine su un piatto da portata, condirle con sale, olio abbondante e qualche aroma gradito. Servirle accompagnate da un'insalata balsamica di sedano, carote e finocchio e da crostini di pane integrale strofinati leggermente con uno spicchio d'aglio.

MENÙ LATTO-OVO-VEGETARIANI

Ecco una proposta pratica per tre menù latto-ovo-vegetariani, dove carne e pesce non compaiono, ma **sono presenti prodotti animali indiretti** come i latticini e le uova. Le ricette proposte sono anche qui generalmente corredate da spiegazioni di ordine pratico, utili per chi ha poca dimestichezza con la cucina, ma anche da annotazioni per sottolineare la particolare validità, in gravidanza, di questo o quell'alimento

***

Primo menù

Prima colazione
Infuso di rosa canina, miele.
Pane integrale tostato.

Le bacche di **rosa canina**, depurate opportunamente dei semi e dei fastidiosi peluzzi che contengono, possono servire per preparare degli ottimi infusi o decotti. Si tratta, tra l'altro, di uno dei frutti più ricchi di vitamina C, arriva a ben 450 mg/100 g!, che è mantenuta in quantità più che sufficiente anche dopo un infuso in acqua bollente o una prolungata decozione.

Si pensi, a questo proposito, che 300 g del decotto, ottenuto facendo bollire 100 g di bacche in un litro d'acqua, contengono ben 50 mg di vitamina C, a fronte di un fabbisogno giornaliero, per l'uomo adulto, di 60 mg (vedi Tabella 13).
Data la grande ricchezza di vitamina C (ma non è la sola: anche le vitamine A, B, E, K, PP vi sono ben rappresentate) l'infuso di

Tabella 13 • Ricchi e poveri in vitamina C

Contenuto in vitamina C di alcuni alimenti (mg/100 g)

bacche di rosa canina	450
peperoncino piccante	229
ribes	200
prezzemolo	162
peperoni dolci	151
cime di rapa	110
kiwi	85
cavolini di Bruxelles	81
cavolfiore	59
fragole	54
arance	50
limoni	50
pompelmo	40
sedano	32
patate novelle	28
pomodori maturi	25
cicoria	17
ananas	17
banane	16
albicocche	13
ciliegie	11
fichi	7
cipolle	5
carote	4

rosa canina ha un ottimo potere depurativo, tonico e antianemico. Ci vuole poco per capire che questa bevanda è una delle più adatte per iniziare la giornata durante tutta la gravidanza.
Una leggera tostatura delle fette di **pane integrale** (è da evitare nel modo più assoluto il formarsi di parti carbonizzate, che contengono sostanze potenzialmente cancerogene) trasforma una parte degli amidi in zuccheri più semplici.
La saliva, che contiene l'enzima ptialina, essenziale per l'assimilazione dei carboidrati, può intridere meglio un pane asciutto piuttosto che uno relativamente ricco di umidità, come spesso si presenta quello integrale. Ne deriva, complessivamente, una migliore e più pronta digeribilità del pane tostato, come del resto è confermato dall'uso delle fette biscottate da parte di chi ha problemi di stomaco.

*

Spuntino di metà mattina

Frutta fresca di stagione.

*

Pranzo

Insalata cruda mista, condita con olio extra vergine d'oliva e poco sale marino integrale.
Minestra d'orzo.

Per la minestra di **orzo** è possibile utilizzare sia l'orzo mondo, quello integrale, più saporito e più ricco di elementi vitali, sia l'orzo decorticato che ha subito invece un lieve processo di raffinazione. Possibilmente da evitare l'orzo perlato, quello comunemente reperibile anche nei supermercati e riconoscibile facilmente per il caratteristico colore bianco. Quest'orzo, infatti, è stato completamente privato delle glumelle esterne, della crusca e del germe: ne risulta un alimento decisamente impoverito.

Prima della cottura è bene, dopo averlo lavato, mettere a bagno l'orzo: per 24 ore quello mondo, per 1-2 ore quello decorticato.
Per una minestra ne possono bastare 80 g. Aggiungere altre verdure a piacere (carota, porro, cipolla, zucca, coste, sedano, aglio...), acqua a sufficienza, almeno 4-5 volte la quantità dell'orzo, e far bollire per una buona ora o anche più, se si desidera una consistenza più

morbida e cremosa del cereale. Verso la fine della cottura aggiungere gli aromi (rosmarino, salvia, timo...), il sale e, a fuoco spento, una croce d'olio.

L'orzo, cereale "rinfrescante" per eccellenza, è un buon alimento, energetico e di facile digestione.
È utilissimo in tutte le infiammazioni dell'apparato respiratorio, intestinale e urinario. Se ne ricordino, quindi, coloro che soffrono di stitichezza, di colite e di cistite.

*

A metà pomeriggio

Frutta fresca di stagione.

*

Cena

Carote crude all'olio e limone.
Bietole stufate con funghi.
Uova à la coque.
Pane integrale tostato.

La **carota** è un ortaggio che non dovrebbe mai mancare sulla tavola della donna incinta. Si può facilmente reperire durante tutto l'arco dell'anno ed è dotata di una serie di proprietà benefiche veramente impressionante. In più, il suo sapore è decisamente gradevole, grazie anche al discreto contenuto di zuccheri (dal 4 al 9%). La carota stimola la formazione dei globuli rossi (ottima per le anemie gravidiche), attiva le difese organiche, regola sia le diarree che, e ciò che è molto importante in gravidanza, le stitichezze. Migliora la funzionalità epatica, rende la pelle più viva e luminosa, protegge dal cancro (specialmente i bronchi dei fumatori) e, non ultimo, aumenta il latte delle nutrici.
La carota può anche essere in parte consumata sotto forma di succo centrifugato, da sorbirsi come salutare aperitivo immediatamente dopo averlo ottenuto.
Prima di grattugiarla, la carota non va mai pelata, ma semplicemente spazzolata sotto l'acqua corrente.
Le **bietole**, o coste, sono rinfrescanti, diuretiche e lassative.
La ricchezza in ossalati le deve far entrare con molta cautela nella dieta dei sofferenti per calcoli renali.

Gli anemici, privi di ferro, ne possono mangiare con regolarità. Purtroppo le bietole si mangiano quasi sempre lessate, dopo aver gettato l'acqua di cottura assieme a molti dei principi nutritivi. Molto opportuna è quindi la cottura stufata che preserva meglio le caratteristiche dell'ortaggio.

In una pentola leggermente unta con un cucchiaio d'olio scaldare 2 spicchi di aglio. Aggiungere 5-6 funghi coltivati, ben lavati e affettati. Dopo qualche minuto, coprire e lasciar cuocere per 10 minuti ancora. Lavare bene 800 g di bietole, tagliarle a pezzetti e aggiungerle ai funghi. Salare, insaporire con un pizzico di timo e lasciare ancora al fuoco, mescolando di tanto in tanto, per 20-30 minuti.

Le **uova** à la coque sono particolarmente digeribili non essendo stati utilizzati grassi nella cottura ed essendo ancora pressoché integri gli elementi nutritivi presenti nel tuorlo.
In questa preparazione, infatti, le uova mantengono il tuorlo ancora quasi crudo, mentre invece l'albume, meno digeribile se mangiato crudo, contenendo anche alcuni fattori antivitaminici, è appena rappreso.
Le tradizionali resistenze al consumo delle uova, a motivo di una presunta difficoltà digestiva o di non meglio specificate "difficoltà epatiche", magari associate a un livello elevato di colesterolo sanguigno, non hanno ragione d'essere se l'uovo è cotto adeguatamente (da evitare le frittate, le uova al burro o fritte...), se non viene associato ad altre proteine e, naturalmente, non è mangiato tutti i giorni ma opportunamente alternato ad altri cibi proteici di derivazione vegetale.
Solamente coloro che soffrono per la presenza di calcoli nelle vie biliari non devono assumere l'uovo. La sua ingestione, infatti, può scatenare delle dolorose quanto inopportune (specie in gravidanza) coliche epatiche.
Per quanto riguarda il metodo migliore per ottenere un ottimo uovo à la coque, e non un uovo sodo mal cotto, si disputano la palma della vittoria sistemi diversi.

Li elenchiamo tutti e tre.

* Immergere le uova delicatamente in una pentola con abbondante acqua bollente. Lasciar sobbollire per tre minuti.

* Procedere come sopra, ma lasciar bollire un solo minuto. Spegnere il fuoco e attendere ancora per quattro minuti.

* Porre le uova nell'acqua ancora fredda e portare all'ebollizione lentamente. Spegnere il fuoco e non attendere oltre.

***

Secondo menù

Prima colazione

Infuso di timo, miele.
Focacce integrali all'uvetta.

Il **timo** è una delle migliori aromatiche a nostra disposizione. La sua azione è stimolante (perfetta quindi per ravvivare le stanche mattinate delle gravide ipotese), potentemente antisettica, ottimamente digestiva.
Oltre che come leggero infuso, si può usare per la cottura dei legumi e per insaporire le patate lessate.
Qualche rametto di timo fresco può integrare validamente anche salse a base di menta e basilico.

*

Spuntino di metà mattina

Frutta fresca di stagione.

*

Pranzo

Crudità in pinzimonio.
Gnocchi di semolino.

Una validissima alternativa alla salutare insalata mista di verdure crude è il più spettacolare **pinzimonio**, adatto a vivacizzare una cena fra amici, ma anche l'appetito di chi, davanti agli ortaggi crudi, storce sempre il naso.
È certo che, anche e soprattutto nel pinzimonio, l'occhio vuole la sua parte. Quindi la varietà e la disposizione delle *crudités* debbono essere curate con impegno, attenzione e, oserei dire, con amore. Naturalmente ogni tipo di ortaggio, ben lavato e pulito, va preparato in porzioni adatte a essere facilmente afferrate con le mani e immerse nel condimento preferito.

Di quest'ultimo, infatti, è possibile prepararne una certa varietà: olio extra vergine d'oliva, sale marino integrale, senape in polvere, timo, rosmarino, aglio; oppure olio, sale, origano, pomodoro ben maturo frullato, aglio; ancora olio, aglio, maggiorana, rafano, funghi crudi frullati, tamari.
La fantasia, in questo campo, si può veramente scatenare...

La quantità di semola integrale di grano duro necessaria per gli gnocchi è di circa 100 g a testa. Si fa una sorta di polentina facendo scendere a pioggia la semola nel latte bollente salato. In alternativa al latte è possibile usare del brodo limpido di cipolla, carota, sedano e aromi (rosmarino, salvia, alloro, timo). Insaporire con pochissima noce moscata.
Dopo 10 minuti di cottura, versare su un piano di marmo e spianare, con un coltello bagnato, fino a uno spessore di 1 centimetro.
Quando la preparazione è fredda, ritagliare delle forme a piacere, classica quella rotonda ottenuta con un bicchiere, e disporle, leggermente sovrapposte, in una pirofila unta. Cospargere con qualche cucchiaio d'olio e parmigiano grattugiato. Infornare fino alla formazione di una invitante crosticina.

✶

A metà pomeriggio
Yogurt naturale.

Lo **yogurt**, come è già stato spiegato nella prima parte di questo volume, è ottenuto inoculando il latte con batteri specifici del genere Lactobacillus Bulgaricus e Streptococcus Thermophilus.
Questi ultimi operano in pratica una predigestione sui più importanti costituenti del latte. Il lattosio viene trasformato in buona parte in acido lattico, le proteine sono parzialmente coagulate e anche i grassi diventano molto più digeribili.
Il contenuto in vitamine, specialmente il complesso B, è notevolmente aumentato e, come se non bastasse, questa vera e propria rivoluzione nutrizionale rende anche i minerali del latte (calcio, fosforo, magnesio) più assimilabili.
Lo yogurt è quindi un alimento con spiccate caratteristiche di digeribilità e in grado di influire positivamente sulla flora batterica intestinale. Proprio per questo può essere dato con vantaggio ai bambini, agli anziani e alle donne in gravidanza.

Cena

Insalata con germogli di frumento.
Cavolfiore alla besciamella.
Pane integrale tostato.

In questa cena non è previsto il consueto piatto proteico concentrato perché già durante il pranzo e nel pomeriggio si sono consumati dei latticini.
Con il metodo descritto nella tabella 14 (pagine 114-115) ottenere da dei chicchi di frumento biologico dei **germogli** di almeno 3-4 centimetri di lunghezza. Mescolarli, dopo averli lavati delicatamente, a carote, finocchi, sedano... Condire con solo olio e sale.

Lessare a vapore i cavolfiori mantenendoli ancora ben al dente. Disporli, tiepidi, in una teglia da forno unta con olio. Preparare una besciamella tostando in qualche cucchiaio d'olio un po' di farina integrale di frumento e aggiungendo poi, poco alla volta e sempre mescolando vigorosamente, l'acqua di cottura dei cavolfiori. Si deve ottenere, eventualmente con l'aiuto di altra acqua calda, una crema omogenea e non troppo densa.
Insaporire con la giusta quantità di sale (o tamari), noce moscata, timo. Ricoprire con la besciamella il cavolfiore, spolverare con pane grattugiato e infornare per 20 minuti.

***

Terzo menù

Prima colazione

Caffè di cereali, uvetta, fiocchi di avena e di orzo.

È questa la versione riveduta e corretta, secondo i dettami delle corrette combinazioni alimentari, del famoso Bircher-muesli, la colazione vitalizzante e disintossicante messa a punto per i suoi pazienti dal notissimo medico svizzero Bircher-Benner.
Dalla composizione originale sono stati eliminati il latte, che spesso negli adulti crea notevoli frastorni digestivi, sostituendolo con il caffè di cereali, la frutta oleosa, prezioso alimento, ma non sempre assimilato con facilità da tutti, e la mela grattugiata.
Quest'ultima, infatti, mal si combinerebbe con i fiocchi di cereali e potrebbe innescare spiacevoli fatti fermentativi intestinali a loro volta all'origine di acidità di stomaco, eruttazioni e allungamento dei tempi digestivi.

Due cucchiai di uvetta e tre-sei cucchiai di fiocchi misti (privilegiare l'avena se si desidera ottenere un effetto "riscaldante", l'orzo se c'è necessità di "rinfrescare") vanno messi in ammollo in una scodella di caffè di cereali se possibile già dalla sera prima.
In questo modo l'uvetta potrà addolcire convenientemente tutta la preparazione, che risulterà gradevolissima anche senza l'aggiunta di altri dolcificanti.
Il mattino successivo si avrà l'accortezza di non far bollire, ma solo intiepidire.

✶

Spuntino di metà mattina

Frutta fresca di stagione.

✶

Pranzo

Finocchi in insalata con gomasio.
Riso integrale e piselli.

Il **finocchio** è un ortaggio che non a tutti è gradito proprio per il suo fresco aroma che ricorda da vicino quello dell'anice. È interessante e utile il suo consumo in gravidanza perché rende più facile la digestione. Dopo il parto migliora, nelle nutrici, la produzione del latte donandogli nel contempo un piacevole sapore.
Il **gomasio** è un condimento che può vantaggiosamente sostituire il sale in molte preparazioni crude e cotte. Si ottiene facilmente facendo tostare per qualche minuto i semi di sesamo finché diventano profumati e croccanti.
Si tosta poi del sale marino integrale (la proporzione fra sesamo e sale può essere variabile, in relazione alle esigenze individuali; in gravidanza può andare bene 1 parte di sale e 18-20 parti di sesamo) e si macinano poi assieme i due ingredienti in un mortaio.
Il **sesamo** è un piccolo seme ricco di grassi insaturi, preziosi per rendere il sangue più fluido e scorrevole, e contiene notevoli quantità di calcio, uno dei minerali più preziosi per la gravidanza.
Il **riso** comunemente in commercio, riso brillato, ha subito progressivi e pesanti trattamenti tecnologici che lo hanno impoverito di proteine, di vitamine, di sali minerali e di fibra grezza.
Ne risulta un alimento, quindi, non molto adatto a rispondere alle esigenze della donna gravida.

Il riso integrale, al contrario, non solo è più ricco dal punto di vista nutrizionale, ma è anche estremamente efficace nel promuovere una semplice e regolare defecazione.
La sua facile digeribilità e la sua delicata azione di contenimento delle fermentazioni intestinali ne fanno il cereale di prima scelta per chi soffre di colite e di stitichezza.

Lavare il riso in acqua corrente per allontanarne la polvere e i corpi estranei. Metterlo in una casseruola con il fondo spesso. Aggiungere due parti di acqua fredda per ogni parte di riso, i piselli, una piccola cipolla finemente tritata e un pizzico di sale marino integrale. Coprire e portare all'ebollizione.
Far continuare la cottura, mantenendo sempre la pentola coperta, per altri 60 minuti. Poi spegnere, aggiungere un po' d'olio, mescolare e attendere qualche minuto prima di servire.

✶

A metà pomeriggio

Fichi secchi con mandorle.

Il **fico** fresco è un frutto molto digeribile e benefico nelle gastriti, coliti, stitichezze, bronchiti, tossi e catarri. Allo stato secco, pur non perdendo queste positive caratteristiche, acquista indubbiamente maggiori proprietà nutrizionali.
C'è chi consiglia alle donne incinte di consumare giornalmente alcune **mandorle** dolci. In effetti questi semi sono molto energetici, tonificanti del sistema nervoso, ricchi in proteine e minerali. Si raccomanda solo, prima di mangiarle, di togliere la pellicina scura, ricca di tannini: l'operazione risulterà estremamente semplice immergendo per qualche minuto le mandorle in acqua calda.

✶

Cena

Carciofi crudi in insalata con radicchio rosso.
Sedano brasato con tofu.
Pane integrale tostato.

Il **carciofo** mangiato crudo non è certamente di difficile digestione, come pensano molti. Anzi, scartate debitamente le brattee esterne più coriacee e affettato sottilmente il resto, ne risulta un

ortaggio piacevolissimo e di sicuro effetto terapeutico. Il carciofo, infatti, stimola energicamente le vie biliari (in gravidanza sempre un po' "impigrite") migliorando così la digestione e prevenendo la formazione dei calcoli nella cistifellea.
Il **radicchio rosso**, una delle molte varietà di cicoria coltivate, completa l'azione di stimolo sull'organo epatico di questa gustosa insalata.
Un leggero condimento tradizionale (olio, limone e sale) sarà sufficiente per valorizzare nel giusto modo questo piatto.
Il **tofu** non è nient'altro che un concentrato, molto digeribile, delle proteine della soia. A differenza di altri alimenti proteici animali, è assolutamente privo di colesterolo.
Si noti comunque che le proteine del tofu sono paragonabili, come composizione, a quelle più rinomate, ma più "tossiche", della carne. Si presenta come una sorta di formaggio pressoché insapore, che si presta molto bene a essere lavorato e insaporito in mille modi. Si preparano con il tofu, infatti, maionese e gelati, ravioli e tramezzini, torte e sformati.

Tagliare a fette piuttosto grosse dei sedani rapa. Farli cuocere in poco olio assieme a qualche spicchio d'aglio, un po' di salsa di pomodoro, qualche foglia di rosmarino e un pizzico di sale.
Verso la fine della cottura, aggiungere il tofu sbriciolato e mescolare delicatamente.

Tabella 14 • Regola base per ottenere i germogli

1) Disporre su di un piatto la quantità di semi che si vuole far germogliare (20-50 grammi), scartare quelli rotti, bucati da parassiti e ammaccati, in quanto difficilmente potrebbero germogliare.

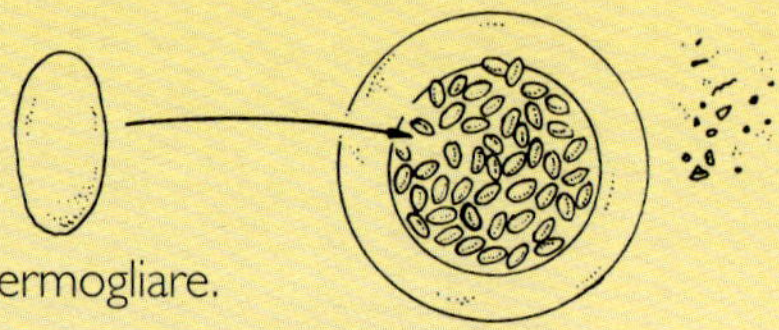

2) Mettere i semi in un colino e sciacquarli abbondantemente sotto il getto dell'acqua (possibilmente tiepida), per eliminare la polvere e altre eventuali impurità.

3) Disporre i semi sul fondo di un barattolo o di un vaso di vetro. L'ampiezza del contenitore deve essere sufficientemente grande da permettere all'aria di circolare e ai semi di aumentare 3-4 volte (e anche più) il loro volume: per esempio i semi di erba medica germogliati occupano uno spazio consistente. Mettere il contenitore sotto il rubinetto, far scorrere l'acqua dolcemente lasciando che fuoriesca per almeno un minuto: in questo modo i semi bucati, alterati, le pagliuzze, eccetera, vengono eliminati, mentre i semi integri rimangono sul fondo.
Lasciare quindi una quantità di acqua tale da sovrastare di 4-5 dita lo strato di semi.
Chiudere il recipiente con un tessuto bianco a trama larga (o garza) e fermare con un elastico.
Lasciare a bagno, al buio (magari tenendo il barattolo nella credenza) e a una temperatura media (15-25 °C) per 6-12 ore.
Come si nota, il tempo di messa a bagno dei semi varia, ma ciò non deve stupire perché esso dipende dal tipo e dalla temperatura: più il seme è grosso più lungo sarà il tempo di ammollo.

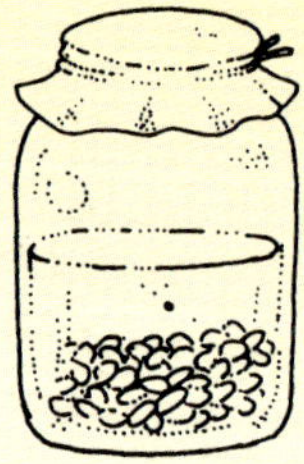

Così sono sufficienti sei ore per i semi di grano, di erba medica, di fieno greco mentre invece occorreranno 10-12 ore per fagioli e soia. Per quanto riguarda la temperatura, più fa caldo prima il germe germoglierà e si svilupperà rapidamente (quelli che non germoglieranno marciranno più in fretta).
Il grano saraceno e la soia germogliano meglio con più calore, altri, quale l'erba medica, si comportano in modo opposto.

Al di là di queste precisazioni, per non creare nella testa del consumatore troppi problemi che non esistono affatto, poiché ottenere germogli è cosa estremamente facile, ripetiamo: tenere i semi a bagno per 6-12 ore al buio e a una temperatura né troppo alta né troppo bassa (compresa tra i 15 e i 25 °C). Tenendo presente queste condizioni essenziali, ciascuno troverà poi il proprio criterio per far germogliare i semi.

4) Trascorso l'intervallo di tempo della messa a bagno dei semi, inclinare o capovolgere il vaso in modo che scoli attraverso la tela, tutta l'acqua di macerazione, quindi, subito dopo, sciacquare i semi con altra acqua, meglio se tiepida. Per sciacquarli, si provvede nel seguente modo: mettere direttamente l'imboccatura del vaso, su cui è fissato il telo a trama larga, sotto il getto d'acqua del rubinetto e poi capovolgere il vaso per scolare via, con cura, tutta l'acqua. A tale scopo si può lasciare il vaso capovolto o in posizione leggermente inclinata in modo da permettere al residuo d'acqua di scolare via attraverso la tela; i semi, in altre parole, debbono essere costantemente umidi ma non in ammollo!

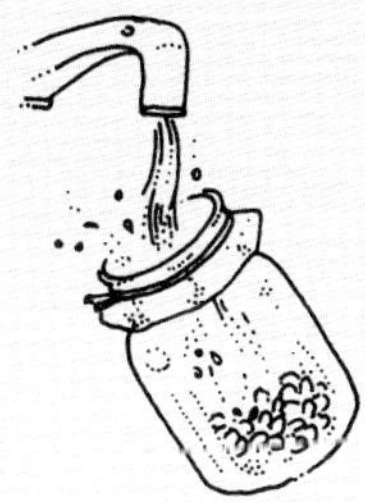

Durante tutte le operazioni suddette e quelle che seguono non va tolta la tela che copre il recipiente.

5) Sciacquare i semi almeno due volte al giorno, mattino e sera, per i primi 2-3 giorni (poi si possono sciacquare una sola volta) eccezione fatta per i semi di soia e di ceci, per i quali è bene eseguire tre o più risciacqui al giorno. Dopo ogni risciacquo il vaso va riposto al buio, per esempio in una credenza.

6) Proseguire i risciacqui per i 3-5 giorni successivi, finché i germogli avranno raggiunto i 3-4 cm di lunghezza.

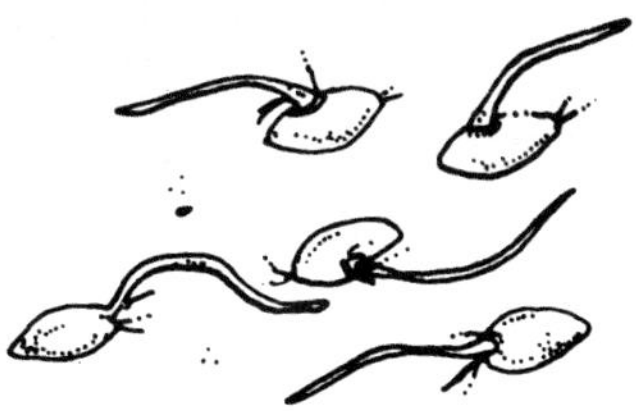

MENÙ VEGETALIANI (O VEGANI)

È d'obbligo per le lettrici e i lettori una sia pur breve spiegazione delle parole, dal significato equivalente, 'vegetaliano' e "vegano".
No, non sono errori di stampa sfuggiti alla revisione di bozze.
Vegetaliano (o **vegano**, dall'inglese *vegan*) sta a indicare chi rifiuta di introdurre nella sua dieta qualsiasi alimento che sia stato ottenuto asservendo gli animali alle esigenze dell'uomo.
Non solo, quindi, rifiuto della carne e del pesce, ottenuti per mezzo dell'uccisione di un altro essere vivente.
Il vegetaliano non desidera cibarsi nemmeno del latte e dei suoi derivati, delle uova e perfino del miele perché, afferma, per avere questi prodotti l'uomo deve imprigionare le galline e alimentarle in modo innaturale, con ritmi determinati solo in funzione della produzione; alle mucche devono essere sottratti i vitelli e somministrati farmaci particolari; alle api si ruba letteralmente il frutto del loro faticoso lavoro, magari propinando in cambio una misera soluzione di acqua e zucchero.
Sono tutte motivazioni rispettabilissime che trovano il loro fondamento in una concezione non-violenta della vita e in un'etica di premurosa attenzione alle esigenze degli altri esseri viventi.
Non è questa la sede per discutere in tutti i suoi aspetti questa posizione etico-alimentare sicuramente interessante e densa di risvolti politici ed economici.

Ci limiteremo quindi a facilitare il compito delle donne gravide, che già da tempo si alimentano in questo modo, proponendo qualche menù esemplificativo. Ovviamente, quanto più la dieta è ristretta, tanto maggiore dovrà essere l'attenzione a scegliere alimenti vivi e integrali, con un'adeguata presenza di proteine vegetali e di supplementi come polline, lievito di birra e germe di grano.

* * *

Primo menù

Prima colazione

Infuso leggero di timo.
Pane integrale tostato, miso, tahin.

Il **miso** è una pasta di soia, cereali e sale fermentata e invecchiata per almeno tre anni. È ricco di proteine, di magnesio, calcio, ferro e di vitamine A, B1, B2, D, E. Può essere paragonato, se è lecito farlo in questo contesto, a un estratto proteico di carne.
Il **tahin** è sostanzialmente un "burro" di sesamo. Com'è noto, il sesamo è ricchissimo di preziosi grassi polinsaturi e di vitamina E, benefici per mantenere giovane ogni cellula dell'organismo e per favorire una buona circolazione arteriosa.
Una salsina ottenuta con l'80% di tahin e il 20% di miso è eccellente da spalmare sul pane.

*

Spuntino di metà mattina

Frutta fresca di stagione.

*

Pranzo

Insalata vitaminizzata.
Crocchette di grano saraceno.
Pane integrale tostato.

È facile rendere più ricca di vitamine la solita insalata. Basta aggiungere una generosa manciata di **semi di fieno greco** e di **semi di girasole** germogliati. Si può condire, magari, con una salsina a base di olio extra vergine d'oliva, una puntina di senape, succo di limone, sale e qualche fogliolina di menta fresca.
Una volta molto comune, addirittura come infestante, nelle re-

gioni alpine, oggi il **grano saraceno** è assaporato come prodotto tipico in alcune ristrette zone delle nostre aree alpine e prealpine. Ed è un vero peccato perché è un buon fortificante e rimineralizzante, da consigliare soprattutto durante le fasi di accrescimento, in gravidanza e nel periodo dell'allattamento. Protegge i vasi sanguigni, li mantiene elastici e previene le emorragie. La sua farina è impiegata per confezionare una speciale pasta, i pizzoccheri, ottimi conditi con verdure e aromi.

Dopo aver lavato accuratamente i chicchi, tostarli nella pentola di cottura con l'aiuto di un cucchiaino d'olio. Aggiungere poi il doppio d'acqua già calda e un pizzico di sale. Far sobbollire a pentola coperta per circa 20 minuti.Stufare in una teglia, leggermente unta, cipolle, carote, zucchine, melanzane e altre verdure gradite, aggiungere poi erbe aromatiche (aglio tritato, timo fresco, maggiorana...) e mescolare tutto al saraceno. Confezionare (con l'aiuto, se necessario, di un cucchiaio di farina) delle crocchette da appoggiare su una piastra unta. Passare un forno a calore medio fino a doratura della superficie.

✶

A metà pomeriggio

Gelatina di frutta.

Pulire la frutta– qualsiasi tipo va bene – e tagliarla a pezzetti. Cuocerla per una trentina di minuti a fuoco bassissimo e sempre mescolando. Dieci minuti prima di togliere dal fuoco, aggiungere un paio di cucchiai di agar-agar. Questa alga trasparente, molto utilizzata nella preparazione dei più svariati alimenti, dolci e salati, renderà possibile la trasformazione della frutta cotta in gelatina. Dopo qualche minuto ancora spegnere e, una volta intiepidito il tutto, aggiungere due cucchiai di malto (zucchero ottenuto dai cereali) e la buccia grattugiata di un limone. Versare in coppette individuali da servire ben fredde.

✶

Cena

Insalata con crauti crudi.

Zuppa di cipolle con crostini di pane integrale.

A proposito dello yogurt abbiamo accennato ai vantaggi apportati dalla **fermentazione acido-lattica.** Gli alimenti diventano più

digeribili, più ricchi in enzimi, in vitamine, in minerali assorbibili. Non a caso questa particolare tecnica di conservazione, perché in fondo di questo si tratta, è diffusa in tutto il mondo e viene applicata, ben si capisce, ad alimenti diversi: in Giappone alla soia e al pesce, nei Balcani al latte, in Africa al miglio, nell'Europa del Nord alle barbabietole e ai cavoli... Buona parte di queste preziose sostanze (almeno le più labili: enzimi, vitamine...) vanno però perse con le prolungate cotture a cui sono solitamente sottoposti questi ultimi che danno origine ai **crauti**.
Vale la pena, invece, di assaporarli al naturale, mescolati in piccola quantità a delle verdure fresche. Ne guadagnerà la salute, ma anche il sapore. Ricordarsi di evitare di aggiungere sale agli ortaggi: i crauti ne contengono già a sufficienza.

Per ottenere un'ottima zuppa di cipolle seguite le seguenti istruzioni: tagliare a fette sottilissime una cipolla grossa a testa. Cuocerla, ma senza farle prendere colore, in una pentola con un po' d'olio. Aggiungere dell'acqua calda o del brodo vegetale limpido e un cucchiaio di farina integrale di frumento. Proseguire la bollitura ancora per 20 minuti.
Aromatizzare con un pizzico di noce moscata e del sale. Servire con crostini.

* * *

Secondo menù

Prima colazione
Caffè di cereali, malto.
Torta di castagne.

La **castagna** è sicuramente un alimento da rivalutare. Ricca di amidi, è per questo paragonabile ai cereali. La notevole presenza di minerali la rende preziosa soprattutto per bambini, anziani e donne incinte.

Un etto di farina di frumento e un altro di fiocchi d'avena, sale quanto basta, 4 cucchiai d'olio, 2 cucchiai di malto. Tutti questi ingredienti vanno mescolati assieme, aiutandosi con un infuso di semi di finocchio. Lasciar riposare l'impasto in frigorifero.
Nel frattempo cucinare in acqua per 45 minuti due tazze di castagne secche già ammollate. Pulire e cuocere in poca acqua anche 4

mele. Frullare mele e castagne assieme e disporre la crema ottenuta sulla pasta stesa in una teglia da forno.
Cuocere per circa 40 minuti.

✶

Spuntino di metà mattina

Frutta fresca di stagione.

✶

Pranzo

Crudità in salsa verde.
Maltagliati in brodo vegetale.

Affettare dei pomodori tondi ben maturi, recuperando una parte del loro sugo. Aggiungere dei cetrioli tagliati con tutta la buccia.
Preparare la salsa mettendo nel frullatore il sugo dei pomodori, un po' di mollica di pane integrale, sale, basilico, menta, maggiorana freschi e l'olio necessario. Frullare e versare la salsa sulle verdure. Mescolare delicatamente.
Mescolare della farina di grano duro con acqua tiepida ottenendone un impasto piuttosto sodo. Utilizzando l'apposita macchinetta manuale a rulli, ricavarne delle strisce di pasta sottili. Lasciarle asciugare completamente su un telo bianco in un locale arieggiato.
Il giorno dopo spezzettare la pasta grossolanamente.
Preparare un brodo limpido con cipolla, carota, sedano, rosmarino, salvia, alloro, sale.
Filtrare il brodo, aggiungere i maltagliati e aromatizzare, in fine cottura, con noce moscata.

✶

A metà pomeriggio

Yogurt di soia ai mirtilli.

Alcuni laboratori specializzati in alimenti naturali propongono, per chi segue la macrobiotica o per chi non può mangiare latticini, degli yogurt ottenuti dal latte di soia.
Aromatizzati in vario modo, in genere con frutta, possono costituire una valida alternativa al più usuale latte fermentato.

Cena

Insalata di carote rinforzata.
Riso integrale e azuki.

Ancora una volta l'insalata è l'occasione per introdurre nella dieta delle preziose integrazioni a base di **semi oleosi**.

Spazzolare delle carote e una rapa, sbucciare un sedano di Verona. Tagliare tutte le verdure a fiammifero. Aggiungere una buona quantità di semi di girasole e di zucca, ovviamente già sbucciati, e condire con olio, poco aceto di mele e sale.

Troppo spesso confusi dai più con una varietà di soia, gli **azuki** appartengono di diritto alla affollata serie dei fagioli. Il loro impiego è particolarmente utile nei disturbi del sistema urinario. Sono particolarmente apprezzati dai cultori della macrobiotica, ma questo non impedisce anche a chi macrobiotico non è di gustarli in una azzeccata combinazione con il riso integrale.
Gli azuki vanno cotti come tutti gli altri legumi: ammollo di 12 ore, bollitura prolungata per almeno due ore assieme a erbe aromatiche. Calcolando con un po' di esperienza la quantità d'acqua necessaria, a cottura ultimata i fagioli dovrebbero risultare piuttosto asciutti.
Mescolarvi delicatamente del riso integrale cotto in acqua o brodo di verdure e condire con un filo d'olio crudo.

***

Terzo menù

Prima colazione

Infuso di carcadè.
Biscotti al sesamo.

Far tostare molto leggermente 50 g di farina di castagne in una padella e farla poi raffreddare. Mescolare un grosso bicchiere di succo d'uva con 4 cucchiai d'olio, un pizzicone di cannella in polvere, sale.
Tostare 150 g di sesamo finché i piccoli semi iniziano a scoppiettare.
Unire il sesamo, la farina di castagne, 150 g di farina di frumento, 100 g di fiocchi d'avena e il composto appena preparato. Si dovrà ottenere, con l'aiuto di altro succo, un impasto un po' morbido.
Far riposare il tutto in frigo per circa un'ora. Poi stenderlo nello

spessore di circa mezzo centimetro e ritagliare i biscotti nelle forme preferite. Appoggiarli su una piastra unta e cuocerli a forno ben caldo fino a doratura. Quando sono raffreddati, si conservano ottimamente in una scatola asciutta anche per una settimana.

*

Spuntino di metà mattina

Frutta fresca di stagione.

*

Pranzo

Zucchine in salsa.
Fagioli e broccoli con bulghur.

C'è chi non ama assaporare le **zucchine** crude. Eppure, se sono piccole e freschissime, si prestano molto bene a essere impreziosite con qualche condimento speciale. Come quello che si può ottenere frullando mandorle spellate, basilico, olio, succo di limone e tamari. Da versare sulle zucchine affettate.
Il **bulghur**, piatto tradizionale del Medio Oriente, è semplicemente grano duro germogliato, seccato e poi tritato grossolanamente.

Una parte di bulghur e due parti di acqua, un pizzico di sale e una lenta bollitura di almeno 20 minuti: ecco pronto un piatto di cereali digeribilissimo e gustoso. Specialmente se associato a fagioli stufati in acqua e aromi (rosmarino, timo, alloro, salvia) e a broccoli cotti delicatamente a vapore. È d'obbligo, su questo piatto, una croce abbondante di olio extra vergine d'oliva.

*

A metà pomeriggio

Mele speziate al forno.

Confortante e corroborante spuntino, speciale per allontanare il freddo delle nebbie invernali.

Ammollare dell'uvetta in acqua tiepida. Mescolarla con qualche biscotto integrale tritato, della buccia di limone grattugiata, un po' di malto e una generosa dose di cannella e chiodi di garofano in polvere. Non manchi un pizzichino di sale che valorizzerà il dolce della

frutta. Riempire con il composto delle mele a cui è stato tolto il torsolo e accostarle in una teglia dai bordi alti.
Infornare per una mezz'ora e mangiarle tiepide.

✶

Cena

Trionfo di radici.
Cipolline all'agrodolce con seitan.
Polenta integrale.

Le radici sono la parte della pianta più ricca di minerali e, ma non sempre, di principi terapeutici.

Dopo averle spazzolate sotto l'acqua corrente, ma non sbucciate, tagliare a fiammifero carote, rape rosse, barbabietole, rafano nero. Condire con olio, aglio tritato e sale. Due gocce di succo di limone non guastano.

Il **seitan** è il nome con cui è possibile reperire in commercio il glutine del frumento. Con questa pregiata proteina, separata dalla parte amidacea della farina con un semplicissimo procedimento, realizzabile anche nella propria cucina, si può confezionare un ottimo spezzatino vegetale.
Ma il seitan può servire, associato con tofu, verdure e aromi, anche per saporiti ripieni di torte salate o ravioli

Mettere in un basso tegame le cipolline. Unire un cucchiaio d'olio, sale, un bicchiere di aceto di mele e, eventualmente, qualche cucchiaio d'acqua calda. Aromatizzare con un paio di chiodi di garofano. Verso la fine della cottura, aggiungere il seitan tagliato 'uso spezzatino'.
Non far asciugare troppo in modo che rimanga del sugo, indispensabile per intingervi golosamente la polenta.

INDICE ANALITICO

Dopo la risposta che segue ogni domanda presente nella prima parte del libro sono citate alcune parole chiave. Le stesse sono riportate in ordine alfabetico qui di seguito. Accanto a ogni parola viene evidenziata la pagina o le pagine dove compaiono le relative domande.

BIBLIOGRAFIA

AA.VV., *Il nuovo cucchiaio verde* (ricette), Giunti, Firenze, 2001

Aubert C., *La fermentazione tradizionale* (ricette), MEB, Padova, 1990

Agradi E., ***Le basi scientifiche della dieta mediterranea - Nutrizione e salute***, Verduci Editore, Roma, 1988

Brigo B., ***La logica degli oligoelementi***, Ariete, Milano, 1992

Lezaeta A.M., *La medicina naturale alla portata di tutti*, Edizioni di Medicina Naturale, Conegliano, 1981

Parona E., *Lo yogurt* (ricette), Demetra, Verona, 1990

Pigozzi P., *Curarsi con il cibo*, Demetra, Verona, 1988

Pigozzi P., *Prevenire e curare la stitichezza con i metodi naturali*, Giunti, Firenze-Milano, 2003

Pigozzi P., *Cura con le mele* (ricette), Demetra, Verona, 1993

Pedrotti W., *Il miele e i prodotti dell'alveare* (ricette), Demetra, Verona, 1993

Pedrotti W., *Mangiar crudo* (ricette), Demetra, Verona, 1993

Shelton H.M., *Le combinazioni alimentari fattore di salute*, Michele Manca Editore, Genova, 1976

Tomshinsky C., *Guida alla macrobiotica* (ricette), Feltrinelli, Milano, 1976

Valerio N., *L'alimentazione naturale* (ricette), Mondadori, Milano, 1980

Valnet J., *Cura delle malattie con ortaggi, frutta e cereali*, nuova edizione, Giunti, Firenze-Milano, 2004 (in corso di stampa)

Valpiana T., *Alimentazione naturale del bambino* (ricette), Red, Como, 1987

Naturalmente Medicina

Titoli in collana

Teoria e pratica del TRAINING AUTOGENO

DEPRESSIONE
Malinconia e mania, capirle e correggerle naturalmente

Curarsi con la PRESSIONE DELLE DITA

Prevenire e curare la STITICHEZZA
con i metodi naturali

Il trattamento dietetico dell'ARTRITE

Tecniche di AUTODISTENSIONE

Cure naturali della CANDIDA

Enciclopedia del Massaggio

Salute e bellezza con le piante

Ulteriori informazioni sul catalogo: www.giunti.it